Dein Seelenpartner ruft nach dir

Russ Michael

# Dein Seelenpartner ruft nach dir

ch. falk verlag

Aus dem Amerikanischen
von Anna-Christine Raßmann

3. Auflage, November 2005

Deutsche Erstausgabe


Umschlaggestaltung: Josef Nysten-Riess

Satz: Plejaden Publishing Service, Boltersen
Druck: F. Steinmeier, Nördlingen

Printed in Germany
ISBN 3-89568-035-4

# Inhaltsverzeichnis

# Einleitung

Ich schreibe dieses Buch, weil ich dich mit den Mechanismen bekannt machen möchte, die du brauchst, um zu verstehen und zu erleben, wie auf wunderbare und magnetische Weise Seelenpartner zusammenkommen und – *zwei Seelen zu einer* – verschmelzen.

Ob du Erfolg in der Liebe hast und oder deinen Seelenpartner findest, hängt ganz davon ab, wie klar du dir darüber bist, wie und warum Liebe, eine romantische Liebesbeziehung oder dein Seelenpartner in deinem Leben auftauchen, und ob du weißt, wie du diesen ganz besonderen Menschen tatsächlich in deine eigene Wirklichkeit ziehen kannst. Du wirst beobachten, wie dein Denken sich vom elektrischen durch das magnetische Universum bewegt.

Die Wirklichkeit ist ganz anders, als wir sie uns vorstellen. Dein Körper und Bewußtsein enthält alles Wissen, das du jemals brauchen und benutzen könntest, um deine kühnsten Träume wahr werden zu lassen. Indem du allmählich das einfache Wie und Warum der *Anziehungs- und Abstoßungsmechanismen* deines Bewußtseins begreifst, wirst du dich selbst verstehen und eine Erfüllung und Meisterschaft erlangen, die deine kühnsten Träume bei weitem übertrifft.

Dieses gesamte Universum funktioniert auf der Grundlage nur zweier aktiver und realer Prinzipien, nämlich der *Reflektion* und der *Absorption.* Du als gleichzeitig universaler und irdischer Teilnehmer wirst alles, was dir im Leben begegnet, hauptsächlich entweder reflektieren oder absorbieren. Wir sind Wellen, Teilchen und lebende Spiegel füreinander!

Die meisten von uns, mit wenigen Ausnahmen, reflektieren ihre Erlebnisse. Das heißt, wir sehen uns das meiste Wissen an und denken bloß darüber nach. Wir lesen ein Buch und sagen dann: „Der Autor meint..." und nicht: „Ich meine...". Anstatt die neue Information zu absorbieren und sie als unser eigen zu betrachten, geben wir sie wie einen Besitz des Autors oder die Weisheit des Vortragenden oder des Lehrers u.s.w. an andere weiter.

Wenn ich sage: *„Phillip meint..."*, dann habe ich das Wissen noch nicht an mich genommen. Ich gebe einfach Phillips Wissen weiter und nicht mein eigenes! Um dir jedes beliebige Wissen so anzueignen, daß du nicht mehr zu sagen brauchst, es gehöre jemand anderem, brauchst du es nur zu absorbieren und vollständig an dich zu nehmen. Dann kannst du *deine* neuentdeckte Wahrheit verkünden und brauchst niemand anderen zitieren. Jetzt strahlt das Licht dieses Wissens aus *dir*!

Ich möchte daher alle Leser bitten, das in diesem Buche präsentierte Wissen nicht nur zu reflektieren, sondern es sich wirklich anzueignen. Es ist nicht nötig, zu sagen: *„Michael meint..."*. Stattdessen erklärst du einfach und wahrheitsgemäß diese neuerworbene Information zu deinem eigenen Wissen oder deiner eigenen, kostbaren Weisheit.

Laß es dir zur Gewohnheit werden, dir alles anzueignen, anstatt es nur wiederzugeben, und du wirst deinen Geist nähren. Im göttlichen Zentrum deines geistigen Seins bist du eine „Lichtwesenheit". Lichtwesenheiten reflektieren nicht – sie absorbieren. Es ist eine ganz natürliche Folge, daß je mehr du deine Erfahrungen bewußt absorbierst – denn alle Erfahrungen können auf irgendeine Weise erleuchtend sein – sich dein eigenes individuelles Lichtfeld ausdehnt und deine angeborene Strahlkraft wächst.

Etwas zu absorbieren erfordert unsere volle Aufmerksamkeit und eine Offenheit oder Verletzlichkeit, die nur wenige ohne ständige, bewußte Übung aufbringen können. Die meisten von uns haben ein sehr starkes und defensives Ego, das Mauern zwischen sich und den anderen und gegenüber neuen „Wahrheiten“, die sich einschleichen könnten, errichtet.

Die größte spirituelle Höflichkeit aber, die man jemandem erweisen kann, ist, sich ihm zu öffnen. Wenn du „dich verschließt“, ist das die größte Beleidigung, die du anderen zufügen kannst. Echte Offenheit hingegen ist wie eine warme Umarmung.

Das heißt nicht, daß du wie ein Mülleimer alles schlucken sollst, was dir im Leben präsentiert wird. Sieh dir alles genau an und denke darüber nach. Du *mußt* es nicht aufnehmen. Wie immer entscheidest du allein darüber, was du zu irgendeinem Zeitpunkt für deine Wahrheit hältst! Du kannst darüber nachdenken, was ich hier als meine Wahrheit darstelle. Nach reiflichem Überlegen wirst du dir dann vielleicht eine größere Bandbreite der Bedeutung von Wahrheit aneignen. Wahrheit ist immer nackte Realität!

Ich habe mir in meinem Leben folgendes Glaubensbekenntnis zugelegt: *„Ich liebe, was ich tue – und ich tue, was ich liebe!“* Das macht jeden kostbaren Augenblick meines Lebens zu einem freudigen Erlebnis des Aufnehmens und zu spiritueller Erfüllung! Mögest auch du dein wahres Selbst und deinen eigenen liebenswerten Seelenpartner finden!

*Russ Michael*

Kapitel 1

# Dein Seelenpartner ruft nach dir

Jeder von uns weiß irgendwo sehr tief in seinem Inneren, daß genau in diesem Augenblick jemand ganz Besonderer danach ruft, von uns erkannt zu werden. *Dein Seelenpartner ruft nach dir,* wo auch immer auf der Erde er oder sie sich gerade befindet. Dein Seelenpartner sendet dir ein Notsignal: „Wo bist du?" „Ich warte hier auf dich!" „Ich brauche dich!"

Dieses riesige elektrische Universum ist im Grunde ein komplexes Netzwerk von Informationen in einem Meer sich bewegender Energie. Die Wissenschaft kommt allmählich dahinter, daß das gesamte bekannte und unbekannte Universum ein riesengroßes Hologramm ist. Das große Bild der Wirklichkeit paßt zu dem kleinen Bild der Wirklichkeit. Die Haupteigenschaft eines Hologramms ist die, daß das kleine Stück des Hologramms, wenn man es in Stücke bricht und Licht (sprich: Bewußtsein) hindurchschickt, ein identisches Abbild der „Wirklichkeit" oder des ganzen ursprünglichen Hologramms darstellt. Vielleicht haben deshalb die Pandits oder Weisen im fernen Osten den Spruch geprägt: „Wie oben, so unten." Oder vielleicht, um eine vertrautere Assoziation desselben Gedankens zu benutzen, lehren deshalb alle großen Weltreligionen, daß der MENSCH nach dem Bilde GOTTES gemacht sei! Gott ist Licht – also ist der Mensch Licht! Gott ist Liebe – also ist der Mensch Liebe! Gott ist allmächtig – also ist der Mensch allmächtig! Gott ist allgegenwärtig oder allesdurchdringend – also ist der Mensch allgegenwärtig und allesdurchdringend.

Wenn diese wohlbekannte Wissenschaft des Hologramms ohne jeden Zweifel bewiesen ist – dann sind alle obengenannten göttlichen Eigenschaften dem Menschen angeboren. Von Jesus, einem der erleuchtetsten Wesen, die als Mensch geboren wurden, wird berichtet, daß er zu seinen Jüngern sagte: *„Wißt ihr nicht, daß ihr (ihr und alle anderen) Götter seid?"*

Wenn man das durchdenkt, so wollte Jesus seinen unwissenden Jüngern damit offensichtlich sagen, was er wußte und was Wissenschaftler heute auch wissen: GOTT oder DAS EINE HOLOGRAMM ist durch das Wesen der Schöpfung selbst in jedem zersplitterten Teil kosmischer Existenz genau abgebildet! Gott ist in dir und mir und in deinem Seelenpartner und meiner Seelenpartnerin. Das erklärt ganz klar, wie Gott oder die Seele in dir in direkter kosmischer oder irdischer Verbindung mit dem Gott oder der Seele in deinem Seelenpartner steht. Er oder sie und du sind auf der inneren oder Seelenebene verheiratet oder ein Paar; deshalb seid ihr beide Seelenpartner!

Einige der vielen verschiedenen Gründe, warum du und er oder sie jetzt, während dieser gegenwärtigen Lebensreise, Seelenpartner seid, werden später in diesem Buch erklärt. Was ich hier betonen möchte, ist, daß dir dein Seelenpartner oder deine Seelenpartnerin laut und klar seine oder ihre Botschaft sendet. Er oder sie ruft dich, genau wie der einsame Wolf in „Ruf der Wildnis".

Vielleicht sind dir die Fakten und Mechanismen, die Paare jeder Gattung zusammenführen, noch nicht bewußt. In der elektrischen und chemischen „Suppe" unseres Wesens tanzen sicherlich noch immer instinkthafte Impulse von vor langer, langer Zeit, die dazu führen, daß wir uns mit jemandem des anderen (oder desselben) Geschlechts *paaren* können und wollen. Das ist reine Chemie, und wir werden uns über ihre Mechanismen weiter auslassen, wenn wir unsere biologischen Verbindungen untersuchen. Denn jetzt sind wir, selbst wenn wir scheinbar tierähnliche Körper besitzen, sehr viel mehr als Tiere. Wir sind bewußte, lebendige menschliche Seelen in weiblichen oder männlichen Körpern. Tiere identifizieren sich mit ihrem Körper. Menschen können sich mit beidem identifizieren, mit Körper und Seele, und tun es auch. Der fortgeschrittenere oder entwickeltere Mensch lernt, seine Identität von seinem Körper auf seine Seele zu verlagern. Ein Mensch mit Seele hat Charakter und Eigenverantwortlichkeit. Ein seelenloser Mensch ist das genaue Gegenteil. Er hat keinen sichtbaren Charakter und übernimmt keine Herrschaft über oder Verantwortung für sich selbst.

Bis du erwachst und den Impulsen deiner Seele folgst, steigen deine Paarungs- oder sexuellen Triebe ausschließlich aus den körperlichen oder tierischen Ebenen auf. Wenn du aber deinem eigenen inneren Selbst oder deiner Seele erwacht bist, wird dich eine rein körperliche Beziehung sehr aus der Fassung bringen. Etwas tief in deinem Inneren erinnert dich daran, daß du nach deinem Seelenpartner „rufen" kannst und daß er oder sie deinen Ruf bald vernehmen wird. Gleichzeitig *ruft dein Seelenpartner nach dir!*

Die wunderbare Verschmelzung und Vereinigung von Seelenpartnern läßt sich nicht mit Worten beschreiben – ebensowenig wie GOTT nach einer echten mystischen Erfahrung oder Vision. Die Berührung, der Geschmack, der Anblick, der Duft und der Klang GOTTES übersteigt die Reichweite menschlichen Ausdrucks bei weitem. Das wäre, als ob man versuchte, fünf Liter Flüssigkeit in ein 10 ml-Fläschchen zu füllen! Es paßt nicht rein.

Ich nehme an, daß du, da du dieses Buch liest, sehr stark oder vielleicht auch nur ein bißchen daran interessiert bist, in Verbindung mit deinem Seelenpartner zu treten. Auf jeden Fall werde ich dir erprobte Techniken vorstellen, mit deren Hilfe du seinen oder ihren Ruf hören und darauf antworten und deine Vereinigung mit ihm oder ihr in der dreidimensionalen Realität fördern oder in Gang bringen kannst.

Kapitel 2

# Er oder sie sucht dich – wartet auf dich – sehnt sich nach dir

Wir haben bereits die Basis oder den Grund für dein Wissen mit der Feststellung gelegt, daß du in einem rein elektrischen Universum lebst. Durch dich fließt genau dieselbe Elektrizität, die auch in mir oder deinem Seelenpartner fließt. Dasselbe holographische Bild, derselbe Abdruck, dieselben kosmischen Daten wie im kleinsten Atom oder Teilchen oder in der größten strahlenden Sonne sind unauslöschlich in dich und jeden anderen Menschen eingebettet oder eingeprägt – und in alles andere auch. Was du in der Vergangenheit gewesen bist, kommt zu allen anderen hinzu, und was jeder andere gewesen ist, kommt zu dir hinzu. Niemand von uns kann sich diesem großartigen, ineinandergreifenden Gewebe universaler Information entziehen. Uns allen ist es angeboren, wählen zu können, ob wir etwas hinzufügen oder daraus entnehmen – etwas aussenden oder empfangen möchten. In welch einem gigantischen liebenden und wiederliebenden, gebenden und wiedergebenden, immer wieder alles umstürzenden und ausbalancierenden bewußt lebendigen Kosmos wir doch leben!

Der elektrische Aspekt unseres multidimensionalen Universums funktioniert nur, wenn Geben und Empfangen alles wieder in eine ausgeglichene oder Nullstellung zurückführt. Das heißt, daß absolute Gerechtigkeit an jedem Punkt unseres Universums jede Aktion und Re-aktion regiert. Jeder deiner oder meiner Gedanken, jedes Gefühl und jede Tat wird wiedergedacht, wiedergefühlt und wiedergetan. *Sir Isaac Newton* erklärte dieses ständige universale

Prinzip zu einem beobachtbaren, nachvollziehbaren und bewiesenen *Naturgesetz.* Zu jener Zeit war er sich noch nicht wie unsere modernen Physiker bewußt, daß unsere Gedanken und Gefühle auch ein Gewicht oder eine Masse haben wie physische Gegenstände.

Wie *Dr. Deepak Chopra* in vielen seiner wissenschaftlichen Vorträge darlegt, ist Bewußtsein = Körper und Körper = Bewußtsein. Die beiden sind nicht zu trennen, auch wenn wir uns noch so sehr bemühen. Deine Gedanken erschaffen ein Tun, und dein Tun oder Nichttun erschafft eine genaue Replik, nämlich deinen menschlichen Körper! Du bist, was du denkst.

Auf dieselbe Weise ist dein Seelenpartner, der dich sucht, auf dich wartet und sich nach dir sehnt, das, was er denkt! Das eine Band zwischen dir und ihm oder ihr ist dein Bewußtsein. Da es in der *Wissenschaft des Lebens* schon eine feste Tatsache ist, daß dein Bewußtsein dein Körper ist, und das Bewußtsein deines Seelenpartners sein Körper ist, sind dein und sein oder ihr Körper bereits *jetzt* unauflöslich miteinander verbunden!

Zugegeben, sein oder ihr ganz reales Auftauchen vor deinen Augen ist durch Raum und Zeit verborgen. Hier jedoch erklären erleuchtetere Physiker wiederum, daß wir Zeit und Raum nicht voneinander trennen oder teilen können. Wie Körper und Bewußtsein sind auch Zeit und Raum unauflöslich vereint. Das eine ist immer auch das andere!

Wenn wir uns dem offensichtlichen Dilemma von Zeit und Raum, der sehr sichtbaren Trennung zwischen dir und ihm oder ihr zuwenden, können wir zu Recht annehmen, daß, wenn die richtigen Koordinaten von Zeit und Raum eintreffen, du und dein langersehnter Seelenpartner sich glücklich in die liebenden Arme sinken werden. Aus multidimensionaler Sicht gesehen kann man sagen, es ist nur eine Frage der Zeit. Wenn einer von euch oder vorzugsweise beide die unerschütterliche geistige Ausrichtung und das starke körperliche Gefühl aufrechterhalten, schließlich eine körperliche Begegnung und Vereinigung zu feiern, dann wird es für euch beide zur dreidimensionalen Wirklichkeit. Im Geiste zieht Gleiches Gleiches an!

Sicherlich hilft es dir, dich solchermaßen unerschütterlich auszurichten, wenn dir klar wird, daß er oder sie sich genauso nach dir sehnt, wie du dich nach ihm oder ihr. Die Sehnsucht und das Verlangen, dich zu finden, ist in ihm oder ihr vermutlich ebenso qualvoll und mächtig wie in dir!

Wenn er oder sie auch nach dir lechzt, dann entsteht, wie ebenfalls in der Wissenschaft des Lebens bekannt ist, ein direktes Quadratverhältnis zwischen euch beiden. Das heißt, daß die Kraft des Verlangens, anstatt lediglich verdoppelt zu werden, sich vervierfacht. Ihr habt nun die ehrfurchtgebietende Macht der Gedanken und der Kreativität von vier Menschen, anstatt zweien, zwischen euch. Natürlich, da alles in unserem elektrischen Universum dazu tendiert, an seinem Platz zu bleiben und sich nicht zu verändern, sind gewisse Bemühungen erforderlich, um Positionen in Zeit und Raum zu relativieren und die Dinge zu ändern. Nichtsdestoweniger ist selbst die Macht eines einzigen Bewußtseins unglaublich und ehrfurchtgebietend. Ich kenne persönlich eine Frau, die wissenschaftlich bewiesen hat, daß sie ihr Bewußtsein willentlich so konzentrieren kann, daß es Laserstrahlen abwendet. Das Schöne ist zu wissen, daß etwas, was jemand anderer kann, auch andere durch Willen und Übung zuwegebringen können. Deshalb sollten wir dankbar und voller Lob sein, wenn wir entdecken, daß ein anderer Mensch etwas scheinbar Unmögliches geschafft hat. Wenn er oder sie es getan hat, *wissen* auch du und ich, daß wir das Potential haben, diese scheinbare Unmöglichkeit zu vollbringen.

In anderen Worten: Da ich und zahllose andere nach der Lektüre meines Bestsellers FINDING YOUR SOULMATE (Wie du deinen Seelenpartner findest) ihre Seelenpartner gefunden haben, kannst du es sicher auch! Es ist sehr hilfreich zu wissen, daß du bei diesem süßen Abenteuer, das dir Schmetterlinge in den Bauch zaubert, nicht allein bist! Dein Seelenpartner ist sehr stark ein Spiegel deiner selbst. Er oder sie fühlt also ebenso tief wie du, wie schrecklich es ist, körperlich getrennt, anstatt selig vereint zu sein. Wenn du daran denkst, wie schön es doch wäre, mit einem Seelenpartner zusammen zu sein, dann denkt vermutlich ein Seelenpartner auf deiner gegenwärtigen Ebene des Denkens, Fühlens und Handelns, wie wunderbar es doch wäre, mit dir zusammen zu sein!

In esoterischen Kreisen ist es eine wohlbekannte Tatsache, daß alles, worauf du dich ständig konzentrierst, schließlich zu deiner Wirklichkeit wird. Wenn du zum Beispiel tagtäglich über deine negative Vergangenheit grübelst, dann werden Gedanken und Handlungen ähnlicher Art die Zeit und den Raum einnehmen, die du dein *Morgen* nennst. Morgen wird dann ein ebenso schlechter Tag sein wie gestern und vorgestern und alle die Tage davor. Ein Mensch am anderen Ende des Spektrums der geistigen Einstellungen, der seinen Tag mit angenehmen Gedanken oder Zukunftsplänen füllt, hat für gewöhnlich auch ein angenehmes Morgen. Wir ernten das, was wir geistig und gefühlsmäßig säen, genau so, wie wir die physischen Früchte aus den Samen ernten, die wir in die physische Erde gelegt haben. Samen sind Samen, ganz gleich, wo hinein sie gesät werden. Samen sind Baupläne!

Wenn du deinen Wunschsamen, mit deinem Seelenpartner vereint zu sein, mit seinem oder ihrem Wunschsamen verbindest, hört die Natur das und wird schließlich genau das materialisieren, was der Bauplan dieser beiden vereinten süßen Verlangen enthält. Möge dein Verlangen harmonisch mit ihrer oder seiner Sehnsucht nach einer liebevollen Beziehung mit dir verschmelzen. Wende die

Naturgesetze und Materialisationstechniken, die du aus diesem Buch lernst, aktiv und ausdauernd an, und der wunderbare Tag wird kommen, wo du deinen Seelenpartner berühren, hören, riechen, sehen und geistig schmecken wirst. Was für ein Tag!

Kapitel 3

# Was ist ein Seelenpartner?

*Gibt es Seelenpartner wirklich?* Ja, es gibt sie wirklich! Und zwar in allen Farben, Formen, Größen und Schwingungen. Ein Seelenpartner ist all das Aufregende und Romantische, das du dir in deinen kühnsten Träumen vorstellen kannst! Eine Beziehung zwischen Seelenpartnern – im Fleische – ist für Körper und Seele unendlich viel erfüllender als irgendein(e) „materialisierte(r)" Geliebte(r) deiner Phantasie. Ich weiß es, denn ich habe den Vorzug gehabt, beides zu erleben. Jeder neue Tag und jede Nacht meiner eigenen göttlichen Seelenpartner-Ehe erfüllt mich mit neuen Freuden- und Erregungsschauern!

Gibt es mehr als eine Art von Seelenpartner? Ja! Wir wollen uns die drei Hauptunterschiede einmal ansehen.

## Biologische Seelenpartner

Die bei weitem häufigste Art menschlicher Seelenpartner-Beziehungen ist die zwischen biologischen Seelenpartnern. Die zwanzig Milliarden Vorfahren oder mehr, die im Moment in unserer DNS und unseren Genen sehr lebendig sind, haben untereinander zahllose Seelenpartner-Romanzen und -Ehen erlebt. Jede Zelle deines Körpers enthält das lebendige Abbild all dieser phantastischen Liebesgeschichten zwischen Männern und Frauen und auch manchmal *der vergangenen homosexuellen und bisexuellen Liebesaffären.*

Wenn irgendeiner oder mehrere deiner wichtigsten Vorfahren in den letzten sieben Generationen eine wundervolle Seelenpartner-Ehe oder -Beziehung gehabt hat, dann ist die Wahrscheinlichkeit, daß auch du in diesem Leben eine solche erfahren wirst, sehr groß! Das ist deshalb so, weil das süße, romantische Drama ihres glücklichen und liebevollen gemeinsamen Lebens heute in jeder Zelle deines eigenen physischen Körpers niedergelegt ist und darin singt und klingt! Dein jetziges Verlangen, einen Seelenpartner mit ähnlich vergnüglichen Schwingungen in dein Leben zu bringen, wird so sehr stark unterstützt und verstärkt. Dieses magnetische Verlangen erzeugt eine starke elektrische Ladung in deinem Körper, die augenblicklich deinen Wunsch, daß er oder sie erscheinen möge, aussendet.

Der Persönlichkeitstypus und die Eigenschaften deines Wunschpartners entspringen dann möglicherweise fast ausschließlich deiner Körperchemie. Diese mächtigen biologischen „Vorlieben und Abneigungen", die in dir brodeln, stammen aus deinen körperlichen, biologischen, ererbten „Auslösern". Es ist tatsächlich dein Körper, der die „Knöpfchen drückt", nicht dein denkendes Bewußtsein.

Ein neuer Mensch in deinem Leben zieht dich stark an oder stößt dich stark ab, weil er oder sie in der Tiefe deiner Zellen entweder in Übereinstimmung mit jenen Vorfahren ist, die bewußt in dir auf das „Gefühl" oder die Wellenlänge dieser neuen Bekanntschaft reagieren oder nicht. Du empfängst *ihre alte* Botschaft und registrierst sie unschuldig als deine eigenen Gedanken, Gefühle oder Reaktionen gegenüber dem Menschen, der vor dir steht. Daran ist nichts verkehrt! So wirkt die Natur durch deinen und meinen wunderbaren menschlichen Körper. *„Alles in einem"* und *„Eines in allem"* sind biologisch zu einem spirituellen und physischen Körper vereint, der *Einheit!* Werde einfach wach für das, was vor sich geht.

Wenn dir dies klar wird und du beschließt, „dein Schiff selbst steuern" zu wollen, kannst du lernen, deine eigene Identität von den meisten oder sogar allen vergangenen oder zukünftigen Bildern, Programmen oder Gesichtern zu befreien. Wenn du in Wahrheit weißt, wer und was du, als Gott in deinem Inneren, bist und immer mehr voll im Augenblick der Gegenwart lebst, wirst du kein Bedürfnis nach anderen vergangenen Bildern mehr haben, die deine eigene Kontinuität oder dein Identitätsgefühl bestärken. Dein wahres Selbst, das der Lichtwesenheit, die du bist, ist ewig und unveränderlich.

Bis es soweit ist, kannst du glücklich über dein weises und kostbares menschliches Körperarchiv sein und es dazu benutzen, die Fühler nach deinem Seelenpartner auszustrecken *und ihn oder sie zu finden!* Dein Körper ist viel umfassender als jede von Menschenhand errichtete Bibliothek, denn alle Begegnungen und Gelöbnisse zwischen Seelenpartnern unter den Millarden und Abermilliarden deiner Vorfahren sind getreulich in ihm aufgezeichnet. Du brauchst dein Wesen nur einmal bewußt zu durchstreifen und zu fühlen, was es ist, das du wiedererleben möchtest! Anstatt ein Buch zu suchen, tastest du sozusagen die irdische Ebene ab und kannst so den Seelenpartner, nach dem du dich sehnst, „erfühlen", solange du willst! *Das Universum wird sich rasch umstellen, um deinem neuen Bild der Wirklichkeit gerecht zu werden!* Suche dir also das bestmögliche Szenario einer großen und dauerhaften Liebe und Freude zwischen dir und deinem *biologischen* Seelenpartner aus und *freue dich daran*!

## Seelische Seelenpartner

Eine andere sehr häufige Form der Seelenpartnerschaft kommt zwischen Menschen vor, die *beide* ihr Ego oder ihre Persönlichkeit überwunden haben, um auf einer inneren oder Seelenebene eine übersinnliche Verbindung zu finden.

Die Persönlichkeit deines menschlichen Wesens und seiner unzähligen Egos herrscht über deine elektrischen, mentalen, emotionalen und instinktiven (körperlichen) Zustände.

Psychologisch ist ein Mensch, der sich hauptsächlich mit seinen Egos oder seiner Persönlichkeit identifiziert, negativ, ängstlich und unsicher. Ein Mensch hingegen, der sich sehr stark mit seiner Seelenebene identifiziert und sein soziales Leben von dieser Ebene aus manifestiert, ist positiv, furchtlos und sicher! Er braucht kein defensives Ego.

Wir wollen das noch aus einem anderen Blickwinkel betrachten. Deine Persönlichkeit ist der elektrische oder *veräußerlichte* Aspekt von dir. Sie hat eine *Form* und ist ständig damit beschäftigt, Materie im Raum herumzubewegen! Deine Seele ist dein magnetischer, zentraler, *innerer* Aspekt! Deine Seele ist formlos und damit beschäftigt, dich in menschlicher Form zusammenzuhalten. Sie ist deine direkte Verbindung zu deinem geistigen oder „Lichtwesen"-Selbst.

Eine Persönlichkeit und ein Ego haben eine begrenzte Sicht der Wirklichkeit, während die Seele das gesamte unbegrenzte Bild kennt! Ein seelendurchdrungener Mensch denkt, handelt und lebt daher ganz anders als ein Mensch, der auf die biologischen Reflexe und Reaktionen begrenzt ist.

Wenn zwei Einzelwesen, die von der Seelenebene aus leben, zusammenkommen und sich *auf seelischer Ebene* anziehend finden, kann man sie als *Seelenpartner* bezeichnen. Die Kraft und Dauer dieser Art von Seelenpartner-Beziehung hält oder bindet sie an fünf Kontaktpunkten zusammen, nämlich auf den Ebenen:

1. der *Seele*
2. der *Persönlichkeit*
3. des *Intellekts,*

4. der *Gefühle* und
5. des *Instinktes* (des Körperlichen)

Man kann in einem ausgewogenen elektrischen Universum mit Recht davon ausgehen, daß der elektrische „Kontakt" auf jeder dieser fünf Ebenen von unterschiedlicher Intensität sein wird. Ein Seelenpartner kann auf der körperlichen Ebene sehr stark angezogen und zum Beispiel auf mentaler Ebene sehr stark abgestoßen werden, u.s.w. Das komplizierte Muster der Anziehungs- und Abstoßungsprinzipien in Aktion ist von Ebene zu Ebene und von Mensch zu Mensch verschieden.

Der Kontakt auf der Seelen- und der Persönlichkeitsebene enthält die stärkste Binde- bzw. Abstoßungskraft in der Beziehung. Mit einer inneren Einstellung, die von der Perspektive der Seele ausgeht, kann jede Situation geheilt und Gleichgewicht und Frieden wiederhergestellt werden, wohingegen zwei sehr starke Persönlichkeiten „sich die Köpfe einrennen" und eine starke und zerstörerische Egoabwehr errichten können. Zwischen seelischen Seelenpartnern besteht eine sehr starke und dauerhafte Verbindung auf der Seelenebene. Spirituelle Seelenpartner sind wieder etwas ganz anderes, das wir als nächstes untersuchen wollen.

## Spirituelle Seelenpartner

Wir alle haben nicht nur körperliche menschliche Erbanlagen, sondern auch spirituelle. Das heißt, wir haben spirituelle Verbindungen, eine spirituelle Familie und auch spirituelle Vorfahren.

Das elektrische Universum entfaltet sich immer in ausgewogenen oder gleichen Paaren. Ob wir sie den positiven und den negativen Pol, männlich und weiblich oder sonst irgendwie nennen, spielt keine Rolle. Eine *Rose* ist eine *Rose* ist eine *Rose*! Hier geht es darum, daß für jeden Stern, der geboren wird, auch ein gleichwertiger und Gegenstern (oder ein gleichwertiger Partner) geboren wird. Es gibt ein unverrückbares Gesetz, daß *dieses spezifische elektrische Universum* nach einem grundlegenden Prinzip der *Anziehung und Abstoßung* funktioniert! Nichts in diesem elektrischen Universum kann oder wird jemals in geistiger oder menschlicher Form existieren, ohne sich zunächst zu einem geteilten und ausgewogenen Paar von Gegensätzen zu modifizieren. Kosmisch gesehen „kommt" ein Seelenpartner (in die Materie) „herein", wenn der andere (in die Antimaterie) „hinausgeht".

Bei deinem ersten Entstehen aus diesem magnetischen Universum oder „Nichts" (als du von nichts zu etwas wurdest) spaltete sich dein Lebens-„Funken" augenblicklich in zwei genau polare Gegenstücke. Dieser andere männliche oder weibliche Aspekt von dir – je nachdem, welche Geschlechts*form* du für deine Inkarnation wähltest, materialisiert sich nur selten körperlich in menschlicher Form. Er ist einfach dein Gegenstück auf der anderen, magnetischen Seite der Wirklichkeit. Er absorbiert und reflektiert dich – der eine und einzige vollkommene Spiegel deiner selbst, den es gibt.

Es besteht sehr wenig Wahrscheinlichkeit, daß du und deine wahre, abgespaltene spirituelle „Hälfte" sich jemals körperlich begegnen! In Kapitel 33 werden wir jedoch sehen, wie du dein *Licht* geistig mit dem *Licht* deines *jetzigen Geliebten auf Erden* verschmelzen kannst – vorausgesetzt, ihr seid bereit, zu *einem* strahlenden Licht zu werden! Viele sind nicht bereit dazu, weil es aussieht, als würde man dadurch weniger; in Wahrheit wird das Selbst jedoch auf wunderbare Weise eingefügt oder erweitert.

Kapitel 4

# Wo dein Seelenpartner zu finden ist

Die meisten Leute, die ich kenne, suchen ihren Seelenpartner buchstäblich überall. Manche wandern von einer Kneipe zur nächsten, von einer Tanzveranstaltung zur anderen und sind bei allen gesellschaftlichen Anlässen zu finden, nur um den oder die eine(n) schwer zu fassende(n) *Richtige(n)* zu finden! Manche nehmen sogar an sportlichen Wettkämpfen teil, gehen ins Museum oder zu langweiligen Vorträgen in der Hoffnung, Herrn oder Fräulein Richtig dort zu treffen. Wieder andere gehen zu kirchlichen Veranstaltungen oder schließen sich Single-Gruppen an und hoffen, daß der langersehnte Seelenpartner dort auftauchen und sie sich gegenseitig erkennen werden.

Meist ist all das Herumgerenne müßig, und man jagt nur einem Regenbogen nach dem anderen nach. Hie und da reift vielleicht eine kurze Romanze heran, die jedoch bald wieder zu Asche zerfällt wie auch andere unpassende Liebesbeziehungen. Was auf den ersten Blick wie „der" oder „die Eine" aussieht, kann sich als eine „Verabredung mit der Hölle" herausstellen – wie ein Gast einer Nachmittags-Talkshow es ausdrückte.

Während meiner jahrelangen Vortragsreisen über die spannenden „Mysterien" des Lebens, war die Frage, die ich am häufigsten hörte: „Wo finde ich meinen Seelenpartner?" Diese bange Herzensfrage wäre viel leichter zu beantworten, wenn sie stattdessen lautete: „*Wie* finde ich ihn oder sie?"

Die direkteste Antwort, die ich darauf weiß, ist: „*Geh zuerst nach innen*"! Das äußere Suchen ist sehr frustrierend und führt zu gar nichts. Du vergeudest damit eine Menge Zeit und Energie, die besser auf die Verbesserung oder Meisterung deiner selbst verwandt würde. Du findest deinen Seelenpartner nicht, indem du endlos alle Winkel der dreidimensionalen Welt durchforschst. Du mußt ihn oder sie zuerst in dir *spüren*, erkennen und durch seelischen Kontakt in dein physisches Territorium locken! Erst wenn du bewußt *weißt*, daß du dich nach deinem Gegenstück oder Seelenpartner sehnst, kann deine Sehnsucht, mit ihm oder ihr zu verschmelzen, wahr werden. Die Techniken der magnetischen Anziehung werden dir nach dem nächsten Kapitel klarer werden. Du kannst jedoch kein magnetisches Feld, keine Anziehungskraft aufbauen, die deinen Seelenpartner zu dir oder dich in die Nähe deines Seelenpartners bringt, wenn du es dir nicht ganz konzentriert wünschst. Jedes Atom der Existenz warf seinen Schatten in Form von starkem Verlangen voraus. Das Universum, das wir kennen, hätte sich nicht materialisieren können, ohne daß die EINE HÖCHSTE INTELLIGENZ oder GOTT zuerst ein Zeit/Raum-Konstrukt davon geformt und gehalten und das Verlangen danach sich dann zu einer kritischen Masse aufgebaut hätte; dann erst explodierte unser gegenwärtiges Universum in unsere Realität.

Da du und ich bewußt lebende göttliche Fragmente dieses universellen oder Weltbildes sind, können wir dieses gigantische Hologram mit der durch unser Gehirn begrenzten Sicht betrachten. Und da wir mit Kreativität begabt und aus unserem Schöpfer geboren sind – können auch wir erschaffen – wenn auch nur, solange wir uns lediglich auf die Impulse unseres Gehirns verlassen, auf begrenzter Basis.Wenn du merkst, daß du genug davon hast, immer und immer wieder nur denselben alten Körper-gegen-Körper, Gehirn-gegen-Gehirn, Ego-gegen-Ego-Kampf aufzuführen, der zu nichts führt, dann hast du es schon halb geschafft. Die andere Hälfte besteht darin, das Vertrauen aufzubauen, daß du eine liebevolle und wunderschöne Beziehung mit deinem Seelenpartner verdienst. Wenn das Bild klar und das Verlangen stark genug ist, sendet deine Psyche „den Ruf“ aus.

Um in dich zu gehen mußt du wissen, daß die *äußere* Suche, wo er oder sie wohl sein könnte, nicht nur nutzlos, sondern vielleicht sogar selbstzerstörerisch ist. Eine mißglückte Beziehung nach der anderen schafft dir keine Übung für eine erfolgreiche Liebesbeziehung. Es liefert dir nur einen weiteren Grund, dich in Herzensdingen als Versager zu betrachten. Wer braucht schon eine weitere Katastrophe?

Die magische Zeit kommt endlich, wenn du beschließt, in die Tiefen deines eigenen Seins zu gehen und danach zu suchen und darüber nachzudenken, was dein Körper und deine Seele in einem Herrn oder Fräulein Richtig zu finden hoffen! Hier mußt du die Vision erhaschen, wen du zu lieben ersehnst und von wem du ebenso tief wiedergeliebt werden möchtest. Dein inneres Selbst oder deine Seele wird dir ohne Zögern zeigen, wie dein idealer Mann oder deine ideale Frau aussieht, sich anfühlt und sich verhält – alle wichtigen Aspekte werden dir offenbar werden. Wenn du bis hierher gekommen bist, liegt der Rest in deiner Hand, in deinem „Herzen“ (das heißt, in deiner Seele) und in deinen Gedanken. Wenn einmal das Bild deines Seelenpartners und die Sehnsucht danach, dich mit ihm oder ihr zu vereinen da sind, „ausgelöst“ sind, bist du körperlich auf dem Weg dahin, wo du sein mußt, um sie oder ihn zu treffen.

Da er oder sie ein Spiegelbild von dir ist, wird dein Seelenpartner dich da finden, wo du bist, oder du findest ihn da, wo er ist. Das kann irgendwo sein – an deiner Arbeitsstelle oder in deiner Freizeit, denn du tust ganz natürlich das, was du sowieso tun willst.

In der Regel ist es so, daß du deinem Seelenpartner begegnest, wenn du es überhaupt nicht erwartest, wenn du gar nicht daran denkst. Wenn es geschieht, sind sich gewöhnlich beide auf irgendeiner Ebene dessen bewußt. In manchen Fällen hat auch nur einer von euch die spontane Erkenntnis. Wenn dieser Mensch wirklich dein Seelenpartner ist und du es weißt, aber er oder sie nicht, dann laß der Sache einfach Zeit! Deine Seele hat die ganze Ewigkeit vor sich! Wenn du versuchst, etwas zu erzwingen, dauert es vielleicht länger, bis der andere dich erkennt. Laß dich einfach anmutig vom Fluß oder Schwung der Dinge tragen. Nichts auf Erden kann euch trennen, wenn er oder sie dein Seelenpartner ist, außer deiner eigenen freien Entscheidung, allein zu sein und zu leiden.

Die Frage ist, ob eure Liebesbeziehung auf bedingungsloser Liebe beruht. Wenn sie auf dem Ego oder einer Persönlichkeitsebene beruht, ist die „Liebe" nur *bedingt*, und solche scheinbare Liebe kann sich über unwichtigen Fragen oder Meinungsverschiedenheiten in Haß verwandeln. Eine Seelenpartnerliebe läßt dich nicht nur sein, was du bist, sondern wir geradezu darauf bestehen, daß du immer dein wahres Selbst zeigst. Ein Seelenpartner ist immer dein klarster Spiegel und erkennt sehr schnell, daß auch du ihn oder sie vollkommenen spiegelst. Suche ihn tief in deinem Innern. Das ist dein erster und wichtigster Schritt, der dich dahin führt, wo er *in Fleisch und Blut* zu finden ist. Auf geht's!

Kapitel 5

# Magnetisches Universum versus elektrisches Universum

Die meisten von uns glauben, das Universum bestünde aus einer Menge fester Masse oder aus Teilchen und weiten offenen Räumen. Selbst diese Ansicht ist, wie die Physiker schon vor langer Zeit bewiesen haben, falsch. Vom reinen sehr gehirnorientierten und illusionären „festen Zustand" – ob chemisch oder atomar – aus betrachtet und in unseren alltäglichen Unternehmungen – scheinen die Dinge um uns her relativ permanent und stabil zu sein. Es ist jedoch ganz im Gegenteil so, daß sich alles um uns her in einem ständigen *Wandel* befindet. Unser Universum verändert sich, unsere Sonne und unsere Erde verändern sich, unsere Umgebung verändert sich und selbst die Haut, die Organe und Glieder unseres phantastischen menschlichen Körpers verändern sich unablässig!

Unsere inneren Organe sind jetzt nicht mehr identisch mit den Organen, die sie vor sechs Monaten waren. Jede einzelne Zelle in diesem selben alten Herzen oder dieser Leber ist jetzt verschwunden und durch ein jüngeres, gesünderes und moderneres Modell ersetzt worden. Innerhalb der letzten 30 Tage hat sich deine gesamte Haut völlig verändert. Und wenn du durch die neuen Mikroskope schaust, die uns Gewebe, Atome und Teilchen mit den kleinsten menschenbekannten elektrischen Ladungen mehrere hunderttausendmal vergrößert sehen lassen, dann erkennst du, was alle Physiker und Biologen, die sich damit befaßt haben, berichten: Alle scheinbare „Masse" besteht beinahe vollständig aus scheinbar leerem Raum!

Natürlich beruht diese Beschreibung auf dem, was wir mit unseren menschlichen Sinnen wahrnehmen können, und auf die kann man sich in dieser scheinbar empfindungsfähigen Welt fast gar nicht verlassen. Anstatt durch solch begrenzte Wahrnehmungsträger zu linsen, wollen wir uns lieber auf eine spannende Bewußtseinsreise begeben, denn unser Bewußtsein ist universell und unbegrenzt! Dafür ist nur eine leichte – für manche möglicherweise auch eine größere – Bewußtseinsveränderung erforderlich.

Die fortschrittlichsten Wissenschaftler wissen bereits, daß die Leere oder die „Null-Universum-Stellung“ in Wirklichkeit die reiche, grenzenlose *Quelle* aller sichtbaren „Dinge“ ist. Was so aussieht, als sei es *nichts,* ist ironischerweise alles (alles in einem – für unsere Sinne – unsichtbaren Zustand) oder „Antimaterie“. Die „Materie“, die wir mit unseren Sinnen wahrnehmen, ist nur eine Widerspiegelung des sehr wirklichen Bauplans der inneren „Realität“, die von der EINEN HÖCHSTEN INTELLIGENZ oder GOTT organisiert ist. Licht ist tatsächlich in dem elektrischen Universum, das uns bekannt ist, die Quelle aller Dinge.

Umgekehrt ist die scheinbar dunkle Leere, von der ich jetzt spreche, das magnetische Universum, aus dem sich *Gedanken,* von einem Lichtfaden gezogen, in den dualen oder elektrischen Zustand materialisieren, in dem du und ich unsere scheinbar chemische, elektrische und *Teilchen*existenz führen.

Aus dem Blickwinkel unseres elektrischen Universums gesehen ist das magnetische Universum der Hyperraum oder das „vereinte Feld“, aus dem alle Gedanken*wellen* in *Teilchen* verwandelt werden und durch die *Polarität* weiter zu *Masse* erstarren!

Obwohl wir als menschliche „Lichtwesen“ in beiden Universen *gleichzeitig* leben, schaffen es unsere klug erdachten Sinne, uns auf die scheinbar dreidimensionale, solide, holographische „Lichtschau“ der Erde konzentriert zu halten – durch unsere sich ständig wiederholenden Zyklen von Geburt, Leben und Tod beinahe *ad infinitum.*

Dennoch ist es so, daß das aus dem magnetischen Universum kommende Bewußtsein gleichzeitig und entsprechend „Materie“ in unserem elektrischen Universum ist. Auf einer mehr persönlichen Ebene können wir unseren Körper nicht wirklich vom Geist trennen oder unseren Geist vom Körper – die beiden sind tatsächlich ein einziger Gott, in menschlicher Form!

Unser Hauptaugenmerk in dieser bunten Rundum-Theater-Lichtschau auf der Erde kommt also aus unserem Seelenbewußtsein im magnetischen Universum oder aus unserem Körper/Hirn-Bewußtsein in unserem elektrischen Universum oder aus beiden! Und glücklicherweise haben wir die höchste göttliche Freiheit der Wahl!

In unserem natürlichen Zustand als Lichtwesen, vor unserem Abstieg oder „Fall“ in die Inkarnation in unserer tierisch/menschlichen Form befinden wir uns fast immer in einem verantwortlichen Bewußtseinszustand, in dem wir wissen, daß alles eins ist. Nachdem wir unsere Schwingungsfrequenz jedoch gesenkt haben, um uns an die sterbliche Hülle des menschlichen Fötus und unserer reifenden menschlichen Körperform anzupassen, verlegen wir unser Hauptaugenmerk zeitweilig auf unsere scheinbare materielle „Wirklichkeit“. Wir lassen zu, daß unsere tägliche geistige und gefühlsmäßige Aufmerksamkeit um unser sich ständig bewegendes Körperbewußtsein kreist. Zunächst, in der Kindheit, identifizieren wir uns selbst völlig *als* Körper. Unsere Psyche oder herrschende Seele errichtet oder beauftragt dann defensive „Egos“, um die jetzt kostbare Festung unserer physischen menschlichen Form zu verteidigen – männlich oder weiblich.

Schließlich verlagern wir durch religiöse Erfahrungen oder mystisches Begreifen unsere Identität allmählich wieder von dem menschlichen „Gefährt“ – unserem dreidimensionalen Transportmittel – weg auf eine ruhige und angenehm sichere Identität mit unserem inneren Selbst oder der *Seele.* Dann sind wir wahrlich human, wahrlich menschlich. Hu heißt GOTT; hu-man bedeutet also Gott-Mensch!

Wenn du dieser Zusammenfassung unserer universalen und persönlichen menschlichen Selbsterschaffung gefolgt bist, dann wird dir klar, daß du dich einer spannenden und glückseligen Seelenpartnerbeziehung nur erfreuen kannst, wenn du erwacht bist und dich selbst hauptsächlich als menschliche Seele identifizierst – nicht als menschlicher Körper! Wenn du dies einmal verstanden hast, kannst du die unmittelbaren Prinzipien der magnetischen Anziehung von Bewußtsein zu Bewußtsein und damit auch Körper zu Körper benutzen, um deinen Seelenpartner buchstäblich zu dir heranzuziehen.

Wenn du deine tierischen oder instinkthaften Verhaltensweisen immer mehr einschränkst und dich statt dessen als fürsorgliches, teilendes, liebevolles und verantwortliches (also wirklich individualisiertes) Wesen siehst, wächst deine persönliche Ausstrahlung und deine Kraft, auf das Verhalten anderer einzuwirken, mit jedem Tag. In diesem göttlichen Prozeß brauchst du nur die vielen falschen Masken dessen abzuwerfen, wofür du dich (im Lichte deines Gehirns gesehen) gehalten hast, und dich als das wahre Lichtwesen oder Seelenselbst zu begreifen, das du im Lichte deiner Seele bist. Jetzt, an diesem Punkt, bist du bereit, deinem Seelenpartner zu begegnen und ihm oder ihr jene feinen menschlichen Seelenqualitäten widerzuspiegeln, die er oder sie durch eine liebende Vereinigung mit dir vollständiger in sich zu finden hofft!

Kapitel 6

# Deinen Seelenpartner anziehen

Anhaltende und starke Konzentration zusammen mit einer tiefen Sehnsucht aus dem Zentrum deines Körper/Seelen-Selbstes erschafft automatisch ein starkes, anziehendes Magnetfeld um dich! Je intensiver deine Sehnsucht ist, desto mehr Atomkraft verleihst du den Mechanismen oder der Physik, die das, wonach du dich sehnst, „materialisieren". Ich habe diese Kraft persönlich benutzt (nicht mißbraucht) und habe buchstäblich erlebt, wie sich meine rein *geistigen Phantasien augenblicklich* als lebende *Personen* und auch *Dinge* materialisierten. Denk an die Regel: Wenn ich es kann, kannst du oder irgend jemand anderer es auch!

Wir wollen uns einen Augenblick Zeit nehmen, um die Mechanismen zu untersuchen, wie scheinbar leerer Raum sich plötzlich mit „Masse", Gegenständen oder sogar lebendem Gewebe füllen kann.

## Verlangen

Zunächst: Die wirklich wahre „Atomkraft" bei allen Materialisierungen in diesem Universum entstammt dem *Verlangen.* Ohne ein starkes Verlangen verändert sich nichts. Das ist deshalb so, weil alles dazu neigt, starr an einem Ist-Zustand festzuhalten und Veränderungen zu widerstehen. Eine schwache elektrische Kraft kann eine Rakete nicht beschleunigen, in Schwung versetzen oder abschießen – nicht, wenn sie nur ein Viertel der Erdanziehungs- oder

„G“-Kraft auf die Beine bringt, wenn viele hundert „G“s erforderlich sind, um aus dem Gravitätsfeld der Erde auszutreten. Um also deinen Seelenpartner körperlich näher an deinen eigenen Aufenthaltsort zu bringen, brauchst du viel Verlangen und Kraft, um diese Veränderung in Zeit und Raum zu bewirken.

Die „höchste“ und mächtigste Verlangenskraft, die du erzeugen kannst, kommt vom *Gipfel* oder spirituellen Punkt deines inneren Selbst oder deiner Seele. Dein tiefes, tiefes Verlangen, deinen Seelenpartner zu materialisieren, versetzt dich in einen abstrakten Raum – in eine *Dezentrierung.*

Dezentrierung ist das Gegenteil der Kraft der *Konzentration.* Wie schon zuvor beschrieben hat sich jedes „Ding“ – selbst etwas so Abstraktes wie irgendein „Geschehen“ in der Zeit, in Gedankengeschwindigkeit aus dem Nichts, der Leere, dem Nullzustand, der Formlosigkeit heraus – in ein „Ding“ verwandelt!

Jede Bewegung zum Beispiel entsteht aus *0-Ruhe.* Jeder Ton entsteht aus 0-Stille oder vollständiger und absoluter 0-Stille!

Durch absichtsvolle Dezentrierung oder eine ruhige und bedachte Haltung stiller Selbstwahrnehmung kannst du *hinein*gehen – und einen neuen „äußeren“ Raum erschaffen oder ihn neu organisieren – um jetzt deine bevorstehende neue Erdenschöpfung zu säen oder zu halten! Dies ist eine Miniversion davon, wie unser Schöpfer in jedem Augenblick unser unendliches Makro-Universum erschafft – SEINEN physischen Körper unserer aller dreidimensionalen Wirklichkeit.

In diesem Prozeß räumst du tatsächlich alten Krempel weg, bzw. du verrückst die ganze jetzt und früher existierende universale Wirklichkeit – mit deinem eigenen, einzigartigen Muster des „Jetzt“, deinem Entwurf dreidimensionaler Wirklichkeit. Und im Laufe der Zeit, den schon festliegenden universalen Gesetzen der Polarität folgend, befiehlst du molekularen, zellulären oder sonstwelchen „Ereignissen“ in Zeit und Raum – oder irgendwelcher anderer bekannten oder unbekannten biologische Masse, oder benutzt sie, um deinen bestellten Entwurf auf natürliche Weise „auszufüllen"! Es funktioniert!

Auf diese selbe Weise hast *du* im Laufe der Äonen deine jetzige menschliche Wirklichkeit oder Selbstmaterialisierung erschaffen. Die ganze Schöpfung aller Schöpfer, der kleinen wie der großen, hat sich seit dem, was wir den „Anbeginn" der Zeiten nennen, aus dem Hyperraum entfaltet, genau nach dem eben beschriebenen Prozeß.

Die Zeit hat in unserem elektrischen Universum keinen wirklichen Anfang (oder ein Ende). Statt dessen schlängelt sie sich aus einem Punkt des Hyperraumes und bildet Zyklen oder „Durchgangsriten"- wie die Umlaufbahn der Erde um die Sonne – die wir irrtümlich als Zeiteinheiten bezeichnen: Zeitalter, Jahrtausende, Jahrhunderte, Monate, Tage, Stunden, Minuten, Sekunden und jetzt auch Mikrosekunden!

Zeit und Raum sind nicht voneinander zu trennen, ebensowenig wie Bewußtsein und Körper sich trennen lassen. Du kannst den Raum beschleunigen und die Zeit in sich zusammenfallen lassen oder umgekehrt. Graphisch läßt sich das darstellen, wenn du eine lange Pferdekutschfahrt von der einen amerikanischen Küste zur anderen mit dem Zusammenbruch von Zeit und Raum vergleichst, den ein modernes Düsenflugzeug erreicht. Der Raum ist genau derselbe, aber die Beschleunigung der räumlichen Bewegung verwandelt eine dreimonatige unsichere Reise in ein paar leichte und bequeme Stunden.

Dein Akt stiller Selbst-Dezentrierung erschafft eine „Lücke", eine Öffnung im Raum, die das Universum jetzt mit der Materialisation deines ganz besonderen, tiefersehnten Wunsches füllen kann – in diesem Falle deinem Seelenpartner!

## Dezentrierung

Zur Vorbereitung auf die Dezentrierung bringst du zunächst Körper und Geist zur Ruhe. Mach es dir bequem. Dann öffne dich allmählich geistig deinem inneren Selbst. Spüre es. Laß das Geschnatter im Kopf zur Ruhe kommen und gehe nach innen, ins Zentrum deines Seins. Suche nach dem ruhigsten Raum in deinem *Inneren*, der sich „sanft und freundlich anfühlt".

Wenn du zappelig bist oder sorgenvolle Schwingungen fühlst, mußt du dir ein paar Minuten Zeit nehmen, um diese Störungen *bewußt* loszuwerden. Sage dir einfach, daß du dich auf immer tiefere Ebenen deines Seins begibst und daß alle unerwünschten oder sorgenvollen Schwingungsmuster unbedingt aus deiner Gegenwart verschwinden müssen! Spüre es. Befehle es! Spüre weiter, durch all die Schichten und Tiefen deines inneren Wesens, bis du völlig überzeugt bist, daß alles in dir ruhig und friedlich ist.

Spüre diese friedliche Leere oder unendliche Stille in deinem Herzzentrum und in deinem Solarplexus. Sitze ganz still und bade in diesem sanften Frieden, so lange und selig du kannst... Gut!

Nimm jetzt einen kleinen Teil deines bewußten Denkens und lasse eine lebhafte Gedankenform von dem, was du dir so sehr wünschst, in diese stille und besondere „Lücke", die du soeben in aller Ruhe in der *Leere* erschaffen hast, „hinein"fallen...

Laß jetzt den Wunsch und die geistige Gedankenform augenblicklich wieder los!

Nimm keine „Zeit" (dafür) mit dir *hinein* – während du in dieser Leere bist. Die universale Leere, die du gerade persönlich erschaffen hast, ist ein zeitloser, stiller, regloser Raum in deinem Wesenskern. Du mußt ihn so erhalten!

Halt! Vergeude auch keine Zeit, keinen Raum und keine Intensität damit, zu versuchen, etwas durch Willenskraft geschehen zu lassen! Wenn du das tust, füllst du nur diese kostbare, frischerschaffene

Lücke im Raum *mit Intensität*! Wenn du das tust, wird nur *mehr* von dieser selbsterzeugten Intensität sich bald irgendwo in deinem Leben materialisieren, und zwar in Form von Kämpfen, die sicher das Gegenteil von dem sind, was du dir wünschst!

Denke das einmal durch: Wenn du deine frisch gebildete Öffnung im Raum mit der *Intensität* deines Wunsches füllst, dann bleibt kein Raum, wo dein *Wunsch* (das Ereignis, das du dir vorgestellt hast oder dein Seelenpartner in warmem Fleisch und Blut) zu dir durchkommen kann.

Dieses Loslassen deiner Gedankenform habe ich in einem meiner früheren und jetzt vergriffenen Bücher – $UCCE$$ FORMULA (Die Formel des Erfolgs) – „das Durchtrennen der Nabelschnur" nenne. Es ist ähnlich wie das Durchtrennen der Nabelschnur bei einem Neugeborenen, damit das neugeborene Baby in Freiheit „reifen" und in der physischen Wet draußen wachsen kann.

Dein Bild, mit Sehnsucht angefeuert, ist wie der Bauplan, der bei der Vereinigung des weiblichen Eis mit dem männlichen Sperma entsteht. Die Verschmelzung füllt den Raum mit den Bauplänen der DNS und einer geordneten molekularen oder zellulären Masse, die erforderlich ist, um als vollständiger Mann oder vollständige Frau ausgewachsene Reife zu erlangen.

Bevor du dich daran machst, dich zu dezentrieren, mußt du das Bild und die „Gefühlsnote" deines Seelenpartners ganz klar in deinem Herz und Gemüt haben. Es kann sich nichts Klareres manifestieren als das, was du klar vor Augen hast. Deshalb schlagen so viele menschlichen Pläne so schnell fehl – es fehlt ihnen an Klarheit, Intensität und Hartnäckigkeit. Die meisten Menschen machen sich ohne einen klaren Plan oder eine klare Vision von ihrem erwünschten Ziel auf den Weg. Das ist, als ob du Richtung Wien loswanderst, wenn du eigentlich nach Holland möchtest! Wissen gibt dir immer mehr Macht.

Halt! Wisse, was du willst, sieh es *klar* vor dir – und mache dich dann geistig und sicher auf den Weg zu deinem Ziel: deinen Seelenpartner in dein Leben zu ziehen und zu materialisieren!

Kapitel 7

# Sex ist nicht alles

Nichts, was du auf der körperlichen Ebene tun oder was dir hier begegnen könnte, belebt und erhebt deinen menschlichen Körper mehr als eine wirklich aufregende Beziehung mit deinem Seelenpartner. Bei jeder zärtlichen Umarmung, jeder erregenden Berührung oder zarten Liebkosung, bei jedem leidenschaftlicheren Kuss kribbelt jede Zelle und jedes Atom deines Körpers vor atemloser Erwartungsfreude, und alles trägt euch abenteuerlich in immer weitere Höhen.

Dein Herz dehnt sich aus und pumpt schneller! Dein Blut strömt in die Organe, es pocht und heizt dein ganzes Körpersystem auf! Welch ein Strömen! Welch sublime Befriedigung der Sinne! Welch berauschende Erfüllung deiner körperlichen und seelischen Sehnsüchte!

Die große Leidenschaft der Sexualität sichert nicht nur den Fortbestand unserer menschlichen Rasse, sondern sie erhebt uns auch, und zwar sowohl auf der Ebene unserer zellulären oder biologischen Masse als auch auf höchst spirituellen Ebenen. Sie erfüllt unser Bedürfnis nach der Sicherheit einer bleibenden Gemeinschaft. Sie verwandelt unsere atomare Masse in eine gesunde und heilende Frequenz reiner, körperlicher Freude.

Eine sexuelle Beziehung mit einem Seelenpartner erweckt nicht nur unseren „toten Körper“ zu neuem Leben, sondern auch einen toten Geist! Sie macht unseren Körper froh, und unsere Seele spürt in warmer Dankbarkeit, daß wir von einem gleichartigen Wesen geliebt werden – und diese Liebe in Sicherheit erwidern können!

Denke in der sexuellen Vereinigung mit deinem Seelenpartner daran, besonders für deinen *Körper* zu danken! Ohne ihn wäre eine sexuelle Beziehung unmöglich. Reiner Geist hat keinen festgelegten Träger, denn er hat weder Gewicht noch Masse. In deinem Körper verwandelt sich der Geist in deine Seele und spürt und verzeichnet so all deine Körperempfindungen. Sex und Sinnlichkeit bestätigen deinen Körper, deshalb liebt der Körper sie! Schicke deinem Körper doch gleich jetzt, in diesem Augenblick, eine ordentliche Portion Liebe!

Natürlich gibt es auch bei Seelenpartnern viele Ebenen der sexuellen Begegnung – von grober, körperlicher Lust bis zu feinster, spiritueller Ekstase und reiner Seligkeit. Gottseidank sind wir alle einzigartig und verschieden!

Irgendwo im „großen Bild" wählt jeder Spieler auf der „Bühne der Welt" seine eigene Rolle und spielt sie – und auch die passende Ebene der menschlichen sexuellen Interaktion mit einem anderen Spieler. Jede Dimension, jede Ebene des sexuellen Zusammenspiels hat in einem guten irdischen „menschlichen Spiel" ihre Bedeutung und ihren Zweck. Es gibt wirklich niemanden, außer dem göttlichen Selbst in dir, der beurteilen kann, wer welche Rolle spielt und welche Ebene des sexuellen Ausdrucks du gerade brauchst!

Als ich mit achtzehn Jahren meine Nahtoderfahrung hatte, blitzte im Bruchteil einer Sekunde alles, was ich je gedacht, gefühlt oder getan hatte, langsam vor meinem inneren Auge auf. Ich hatte keinen äußeren Richter bei mir, nur mein eigenes göttliches Selbst, und es war der strengste und anspruchsvollste Richter, den man sich nur vorstellen kann. Nicht das Allerkleinste, was ich „richtig" oder „falsch" gemacht hatte, entging meiner peinlich genauen Untersuchung. Ich wußte genau, wo ich versagt und wo ich es gut gemacht hatte, und grub es unauslöschlich in meine Seele ein! Ich gebe auch gerne zu, daß ich weitaus mehr von meinen inneren „Prüfungen" verpatzt als bestanden hatte.

Ist Sex „eine Sünde"? Sollten unverheiratete Menschen Sex miteinander haben, wenn sie beide dazu bereit und mündig sind? Wie steht es mit Homosexualität – Mann mit Mann oder Frau mit Frau?

Hartnäckige Fragen dieser Art erregen in den meisten Menschen oder Gruppen ein außerordentlich breites Spektrum an Gedanken- und Gefühlsreaktionen.

Ist Sex lediglich als ein Akt körperlicher Fortpflanzung gedacht? Oder ist Sex ein Vergnügen, und sollten erwachsene Menschen daran wie an jedem anderen gesunden Spiel oder Sport einfach Spaß haben? Oder ist Sex eigentlich etwas unendlich viel Spirituelleres – eine dringend benötigte göttliche Kraft zur Ausbalancierung unserer männlichen oder weiblichen Psyche, die jetzt scheinbar hilflos in unserem dicht und schwer geerdeten sterblichen Menschenkörper gefangen ist?

Seelenpartner müssen sich mit all diesen sexuellen Fragen ebenso auseinandersetzen wie jeder andere auf Erden. Jeder von uns muß seine täglichen Fragen, einschließlich der sexuellen, vor den Gott in unserem eigenen Inneren bringen. Im tiefsten Kern unseres bewußten, lebendigen Seins wissen wir wirklich *ganz genau*, was richtig und was falsch ist! Du kannst anderen vielleicht etwas vormachen, aber dein eigenes göttliches Selbst kannst du nicht täuschen!

Sex ist nur ein kleiner Teil einer echten Seelenpartnerschaft – selbst wenn er uns zuweilen höchst wichtig vorkommt. Seelenpartner ziehen sich normalerweise sexuell an, aber Sex wird augenblicklich weniger wichtig oder unwichtig, wenn spirituelle Dinge in den Vordergrund treten. Alle großen geistigen Lehrer haben uns das sanft zu Bewußtsein gebracht. Was nützt es, einen Körper oder Reichtümer zu gewinnen, wenn man seine Seele verliert?

Wenn Sex zur Besessenheit oder Sucht wird, dann wirkt er sich gegen die körperliche Gesundheit und das spirituelle Wohlbefinden aus – gegen dich! Nach dem ersten sexuellen Überschwang, körperlich wieder vereint zu sein, kehren Seelenpartner meist rasch wieder zur Tagesordnung zurück. Sex gehört dann vielleicht oder für gewöhnlich einfach zu den normalen häuslichen Aktivitäten. Jeder Seelenpartner, ich eingeschlossen, wird dir sagen, daß eine Seelenpartnerschaft unbeschreiblich sinnlich ist, und doch spielt Sex insgesamt in der Liebe und im Leben von Seelenpartnern nur eine untergeordnete oder sogar sehr kleine Rolle!

Vergiß nicht: Wir leben in einem elektrischen Universum! Sex ist das Seligste und Elektrisierendste, was wir Sterblichen körperlich, geistig, emotional und spirituell zusammen erleben können!

Sex ist auch eine ausgleichende Kraft, sowohl für den Geist als auch für den Körper. Dieser angeborene Drang, dein Gleichgewicht wiederzufinden, trägt zu deiner geistigen Reifung bei.

Dieses endlose Prinzip der universalen Anziehung und Abstoßung macht es möglich, daß unser menschliches Drama auf der Erde zur Aufführung gebracht werden kann. Unsere Polarität von männlich oder weiblich ist geschaffen. Dann entdecken wir, wie wir mit unserer Polarität (unserer männlichen oder weiblichen Form) umgehen können. Wir lernen, mit den einfachen universalen Abstoßungen und Magnetismen umzugehen, die uns lebendiger oder weniger lebendig machen. Wenn wir die Lektion unserer menschlichen Verkörperung vollendet haben, werden wir also *ganz* sein, *heil,* in uns selbst vollständige spirituelle Wesen! Aus dieser Sicht gesehen *ist Sex nicht alles!*

Kapitel 8

# Was ist ein Mann?

Männer sind überhaupt nicht wie Frauen! Obwohl auch sie sexy und verführerisch sein können! Den meisten Männern ist jedoch nicht die ausgesprochene Schönheit und der feine Charme zu eigen, die von einer Frau ausgehen. Ein Mann ist die meiste Zeit *äußerlich* und körperlich aktiv – und nachts, wenn seine Arbeit getan ist, entspannt er sich gern.

Ein Mann rennt und kämpft und schwitzt. Er strömt einen Moschusgeruch aus, der Frauen sexuell anzieht. Ein Mann hat rauhere, ausgeprägtere und männlichere Gesichtszüge. Er ist hart und verschlossen und will seine Frau besitzen. Der Mann ist mehr am *Nehmen* interessiert als am Geben!

Gewöhnlich liebt und schätzt er *zuerst* seinen Besitz, und die Liebe zu seiner Frau kommt an *zweiter* Stelle. Er kompensiert es jedoch dadurch, daß er seine Frau oder seinen Harem von Frauen als seinen *höchsten Besitz* einstuft! Für einen Mann ist es schwerer, seine Frau loszulassen, als für eine Frau, ihren Mann loszulassen.

Der Mann hat über die Jahrhunderte hinweg gelernt, an Krieg und seine Macho-Männlichkeit zu glauben. Der Mann ist sehr stark desensibilisiert und auf grausames und brutales Verhalten trainiert worden, auf Plündern und Vergewaltigen und darauf, eine „Beute" und Frauen schnell und besitzergreifend unter Kontrolle zu bringen.

Während Frauen den Männern auf reizende Weise – durch Schmuck, verlockende Düfte, eine sexy Körperhaltung oder Kleidung – den Hof machen, geben Männer an, plustern sich auf, lassen ihre Muskeln spielen und versuchen den Frauen durch grobe Zurschaustellung von Stärke, Macht und Reichtum zu gefallen!

Während eine Frau vierzehn Minuten oder länger braucht, bis sie den Höhepunkt ihrer Leidenschaft erreicht hat, ist ein Mann binnen eines Augenblicks erregt. Diese rasche Leidenschaft endet ebenso schnell mit dem triumphierenden Ausstoßen seines Spermas. Ein Mann muß sich langsam darin üben, seine Erregung über eine längere Zeit aufrechtzuerhalten und die Ejakulation bewußt zurückzuhalten, bis seine Geliebte den Orgasmus erreicht. Wie erfolgreich er darin ist, ist von Mann zu Mann verschieden. Junge Männer müssen diese Fähigkeit erst kultivieren. Leider entwickelt der größere Prozentsatz der Männer nicht die nötige Selbstkontrolle, die sie brauchen, um sich von einem „Erguß" ihres Samens so lange zurückzuhalten, bis auch ihre Partnerin zu höchster Erregung gelangt ist und sich lange genug „konzentrieren" oder „loslassen" kann, um ihren eigenen angenehmen Orgasmus zu erleben.

Männer lieben Frauen und sprechen die meiste Zeit von ihnen. Es sind „rauhe" Gespräche, die der mangelnden Sensibilität entsprechen, die die meisten Männer entwickelt haben. Sie saufen, fluchen und hauen sich auf die Brust wie haarige Gorillas. Jeder versucht, den anderen mit seiner „Trefferliste" sexueller Errungenschaften oder der Größe seiner „Ausrüstung" zu übertrumpfen.

*„Gute Männer sind schwer zu finden"* hieß es in einem alten Schlager. Trotz all seiner Mängel liebt und schätzt ein Mann jedoch seine Familie wirklich und gibt normalerweise sein Bestes, um Frau und Kinder mit körperlichem Schutz, Nahrung und Bequemlichkeit zu versorgen.

Ein gutaussehender Mann zieht immer die Augen der Frauen auf sich und oft auch subtile oder offene Flirtgebärden. Die meisten Männer nehmen das nicht wahr, denn sie sind nicht so geschickt wie Frauen darin, die Körpersprache lesen. Frauen sind immer interessiert, wie ein Mann körperlich gebaut ist, und konkurrenzmäßig auch am Körper anderer Frauen. Viele Männer springen auf einen Flirt oder den Annäherungsversuch einer Frau gar nicht an. Sie müssen erst aufwachen und es merken!

Männern ist es in einer vorwiegend heterosexuellen Gesellschaft gar nicht erlaubt, einen guten Körper an einem anderen Mann zu bemerken, denn das bringt sie in den Verdacht der Homosexualität. Frauen hingegen bemerken und schätzen einen schönen Körper sowohl an einem Mann *als einer Frau!*

Männer lassen sich gern verwöhnen, und Frauen verwöhnen ihre Männer von Natur aus gern. Männer sind auch ganz liebenswert; schließlich *bin ich ganz sicher einer von ihnen!* Und du?

Wisse, was du bist!

Kapitel 9

# Was ist eine Frau?

Es gibt zahllose angenehme und aufregende „kleine Unterschiede“ an einer Frau, die einen unvorsichtigen heterosexuellen Mann anziehen und verlocken können. Ich muß es wissen, denn es ist mir viele, viele Male so gegangen! Ich beklage mich auch gar nicht!

Der offensichtliche und hauptsächliche Unterschied zwischen einem penistragenden Mann und einer Frau ist der, daß sie einen Bauch zum Kinderkriegen hat, weiche, süße Brüste zum Schmusen und Saugen, und eine warme, offene, schlüpfrige Vagina, um den erregten männlichen Penis eindringen zu lassen. Sie hat auch eine Klitoris an strategisch wichtiger Stelle, um während des Geschlechtsverkehrs mit einem Mann (oder einer Frau) optimal erregt zu werden!

Eine Frau ist weich und offen. Sie hat feinere und weiblichere Gesichtszüge, ihr Hals und ihre Taille sind viel schlanker, und normalerweise besitzt sie sehr viel weniger körperliche Kräfte als ein Mann. Sie wiegt es dadurch auf, daß sie in der Familie ein Anker der Geduld und Stärke ist!

Frauen haben kollektiv und individuell einfach eine feiner gestimmte Wellenlänge und eine andere Frequenz und Stimme als ein Mann, und natürlich einen anderen Körper. Ihre Drüsen stoßen weibliche Pheromone und andere solcher reizender Hormone aus, die die Chemie eines männlichen Körpers bei Berührung und oft schon bei einem flüchtigen Gedanken an eine Frau verändern können.

Die weibliche Psyche und ihr weiblicher Körper sind völlig anders als der Körper und die Psyche eines Mannes. Deshalb gibt es ein großes Chaos und eine Entwicklungsstörung, wenn ein weibliches „Lichtwesen“ sich in einem männlichen Körper inkarniert und versucht, diesen männlichen Körper unter Kontrolle zu bekommen; es ist eine männliche Form, und männliche Körper sind an eine männliche Psyche gewöhnt – umgekehrt ist es natürlich genauso schwierig, wenn ein Mann sich in einem weiblichen Körper inkarniert.

Männer und Frauen sind so unendlich verschieden. Der Körper einer Frau ist weich und in der Hüftgegend gewölbt, so daß sie gebären und ein Kind tragen kann. Frauen sind fast immer kleiner und haben feinere, schlankere Knochen und eine zierliche Skelettstruktur.

Eine Frau lebt mehr von *innen* heraus, und sie hat ein ganz anderes und mystischeres Wertsystem als ein Mann. Ihre *Liebe* kommt *zuerst.* Besitz rangiert an *zweiter* Stelle, wenn sie liebt. Frauen sind von Natur aus eher gebend. Sie sind romantisch und idealistisch und sie lieben die Phantasie – insbesondere ihre vielen Phantasieliebhaber.

Eine Frau ist viel schöpferischer als ein Mann. Sie schätzt und liebt die schönen Künste und feines Kunsthandwerk über alles. Oft erfindet sie ihre eigenen schöpferischen Vergnügungen, näht, malt oder geht mit ihrem Geliebten auf romantische Spaziergänge.

Frauen sind sanfter, sensibler und sprunghafter als Männer. Eine Frau liebt das Drama und läßt sich aufgrund dieser Vorliebe leicht in Beziehungen verwickeln, in denen sie mißbraucht wird.

Vor allem ist eine Frau, wenn sie ihre Gesundheit, Jugend und Vitalität bewahrt, körperlich schön und für einen Mann sexuell sehr anziehend. Wenn sie außerdem über einen hart erarbeiteten Bonus an innerem Selbstwert und strahlende *innere* Schönheit verfügt, wird ihre physische und spirituelle Schönheit für alle sehr „ausgeprägt“!

Frauen neigen eher zu Konkurrenzverhalten als Männer. Sie haben oftmals eher Männer zu engen persönlichen Freunden als Frauen, obwohl sie mit Frauen viel besser kommunizieren können.

Eine Frau ist verschämt und neckisch, phantastisch und ganz gewiß liebenswert! Heil allen Frauen!

Ich als Mann liebe Frauen! Eine Welt oder eine Realität ohne sie wäre flach, leer und über alle Maßen langweilig! Meine Seelenpartnerin ist durch und durch Frau! Bist du eine Frau?

Wisse, was du bist!

Kapitel 10

# Die Schönheit deines Körpers

Unsere erstaunliche menschliche Form wurde einfach so aus dem Nichts erschaffen! Diese einzigartige „Erzeugung" einer menschlichen Form, einer Identität von Geist und Selbst ist ein unmittelbares und überaus kostbares Geschenk unseres *Schöpfers.*

Unser Konzept von *Gott* ist ebenso wie unser Konzept von Liebe durch eine Unzahl verschiedener subjektiver oder emotionaler Ansätze der menschlichen Religionen sehr stark begrenzt und verändert worden. Wenn ich das Wort benutze, um deine oder meine oder die innere Göttlichkeit irgendeines anderen *menschlichen* Fragments GOTTES auf Erden zu bezeichnen, dann schreibe ich es in normalen Groß- und Kleinbuchstaben

Äonenlang benutzten und lebten alle wir inkarnierenden Götter auf der Erde von abstrakten Gedanken, die aus der *Göttlichen Quelle* zu uns ausgesandt wurden. Wir organisierten all diese neuen Ideen oder Gedanken in die verschiedenen Formen und Strukturen, die sich mit der Zeit zu unserem gegenwärtigen Universum entwickelten.

Wir Lichtwesen waren alle an dem schöpferischen Prozeß beteiligt. Ich spreche hier von *schöpferischem Prozeß*, nicht von „Schöpfung", denn das Wort Schöpfung läßt mehr an eine abgeschlossene Materialisierung denken, während der schöpferische *Prozeß* bis in ein ewiges „Jetzt" andauert.

Während dieser frühen Zeiten oder Äonen hatten wir „Götter" nicht diese dichte, verfestigte menschliche Körperform, *„in"* der wir uns heute befinden. Wir waren eher eine Art Blasen – eingekapselte und isolierte Wesenheiten, aber frei schwebend – und wir kannten und spürten und hatten Zugang zum *ganzen* Raum.

Erst als alle anderen Lebensformen auf der Erde geschaffen waren, wurde der Gedanke, ein „Gefährt" oder eine menschliche Form für unseren, der geistigen Götter, Transport zu bauen, materielle Wirklichkeit. Ja, genau, *die Henne kam vor dem Ei!*

Wie bei jedem schöpferischen Vorgang wurde zu*erst* die *ganze* Idee des physischen menschlichen Körpers geschaffen. Dann wurde diese zarte, aber höchst kostbare Idee menschlicher Form elektrisch von einer Ebene auf die nächste herabgesenkt und schließlich zu „Teilchen" bzw. zu einem einzigen menschlichen Körperzellsamen komprimiert.

Dieser menschliche Körperzellsamen wurde dann in das passende dreidimensionale Medium des Erdspektrums eingepflanzt (so wie Klone heutzutage aus einer einzigen Zelle gemacht werden), um zu einer vollständigen, materialisierten menschlichen Körperform heranzuwachsen und sich zu entwickeln, die einen Gott wie dich oder mich und alle anderen Götter, die sich jetzt in menschlicher Form inkarnieren, aufnehmen kann.

Dein göttliches Selbst ist ungeheuer begeistert und aufgeregt über diesen einzigartigen und unschätzbar wertvollen persönlichen Besitz, und zwar deshalb, weil ein reines „Lichtwesen" (das nur Geist ist) kein „Gefährt" hat, um Empfindungen aufzuzeichnen, wie das menschliche *Seelen*archiv, das körperliche menschliche *Gehirn*archiv und das *Zell*archiv der *DNS*.

Der Geist kann von sich aus nicht berühren, fühlen, riechen, schmecken oder sinnlich mit irgendeiner seiner großartigen Mitschöpfungen auf der Erde in Austausch treten – mit dem Meer, den Fischen, mit Bäumen und Blumen, Tieren und Sonnenaufgängen und so fort. Er kann nicht in den Gärten umhergehen und den warmen Wind spüren oder den kalten Winter oder die vielen verschiedenen Beschaffenheiten der materiellen Wirklichkeit. Der reine Geist hat keine *Sinne,* die dazu in der Lage wären! Diese göttlich inspirierte Schöpfung unseres phantastischen menschlichen Körpers lieferte also die perfekte Lösung, um all diese Wünsche zu erfüllen.

Jetzt, hübsch in einer aufrechten menschlichen Form geschützt oder „eingehüllt", können wir in vollem Maße mit unseren hochgeschätzten und geliebten Schöpfungen auf der Erde emotional in Austausch treten, und als Bestes von allen miteinander – als *Seelenpartner!*

Du mußt dir der großen Kunst und feinziselierten Schönheit deines Körpers bewußt werden! Du mußt aufhören, ihn zu mißbrauchen und dich von ihm zu distanzieren! Dein Körper ist eine unabhängige Schöpfung, also ein eigenständiges Wesen, und hat ein eigenes Bewußtsein. Er fühlt sich schmerzlich abgelehnt und verletzt, wenn du ihn mißbrauchst oder vergeudest oder unnötig strafst!

Dein menschlicher Körper erlebt auch große Angst und Schmerz, wenn *du* nicht da bist – wenn du zu lange in fernen Gedanken schwebst. Die meiste Zeit lebst du nicht in ihm und mit ihm im Augenblick der *Gegenwart – in dem alle unsere menschlichen Körper sein müssen!* Wir sind oft woanders, tagträumen im Wachen und im Schlafen irgendwo in der *Vergangenheit* oder *Zukunft* herum. Wenn wir so viel und so dumm in unserer Vergangenheit oder so vollständig und gleichermaßen dumm in unserer Zukunft leben, weiß unser Körper, daß wir aus der köperlichen Gegenwart verschwunden sind, und es wird ihm unbehaglich. Er macht sich Sorgen!

Dein Körper ist das unbezahlbarste und ehrfurchtgebietendste Wunder der Schöpfung, das irgendein Gott auf Erden oder irgendwo im Raum sein eigen nennen könnte! Er ist dazu gedacht, ewig zu leben – als dein eigenes, einzigartig gestaltetes, wunderbares Gefährt durch alle Ewigkeiten!

Was du in jedem menschlichen Leben auf der Erde mit deinem Körper lernen sollst, ist, ihn so sehr zu lieben, daß seine Frequenz oder Wellenlänge mit deiner spirituellen Schwingung identisch oder synchron wird. Wenn du ihn liebst, wirst du ihn durch und durch mit deiner Identität durchdringen!

Wenn diese berauschende völlige Verschmelzung zwischen dir und deinem Körper geschieht, wirst du – zusammen mit deinem Körper – völlig frei im gesamten Universum umherstreifen können, wohin du willst und wann immer du willst! Dein Körper kann dann genau wie deine Gedanken durch Mauern gehen, durch ganze Planetenkörper, Monde oder Sonnen, einfach auf deinen Wunsch hin.

Du weißt dann, daß du alles und/oder nichts bist! Du vermagst alles zu sein, alles zu tun und alles zu erschaffen, was du möchtest, denn du bist in Ein-klang mit GOTT. Deine Lektionen im Bereich der Anziehung und Abstoßung sind beendet, und du kannst jetzt jede Art von individuell einzigartiger Selbstidentität oder Gruppenidentität erschaffen, die du willst! Du kannst in Gedankengeschwindigkeit irgendeine und alle Realität werden. Du hast dann absolute Freiheit. Du bist grenzenlos – denn *sowohl* dein Körper als auch dein Geist sind jetzt miteinander eins geworden und völlig ungebunden. Diese große Lektion deiner wahren Gott-Identität mußt du lernen und absolute Meisterschaft über deinen chemischen und elektrischen Körper erlangen!

Jeder einzelne menschliche Körper pulsiert in einer ganz bestimmten Schwingungsfrequenz, die dir deine eigene und einzigartige Schwingung verleiht! Sie hält dich und deinen Körper zusammen, auf der Erde, in menschlicher Form. Wenn du diesen Bewußtseinsfokus und damit diese Schwingung verlieren würdest, würden sich dein Körper und deine Identität, so, wie du sie jetzt kennst und erlebst, sofort auflösen. Halte also diesen Fokus (das heißt, diesen „Lebens“willen) aufrecht.

Unsere eigene Schwingungsfrequenz bewirkt, daß jeder von uns eine etwas andere Zeitwahrnehmung hat. Jeder empfindet die Zeit entsprechend seiner eigenen Schwingung! Der eine Mensch empfindet einen Tag vielleicht so kurz wie eine Stunde, während er für einen anderen wie eine Ewigkeit ist. Es hängt von der Frequenz seiner Schwingung in bezug auf ein beliebiges universelles oder irdisches Ereignis in Zeit und Raum ab.

Du kannst persönlich, körperlich und psychologisch die Zeit verlangsamen oder beschleunigen, wenn dir bewußt ist, wie du atmen und die Wellenlänge deines eigenen physischen Körpers verlangsamen oder beschleunigen kannst. Ein Yogi oder Weiser, der bereits seinen mentalen, emotionalen und physischen Körper gemeistert hat, verlangsamt so willentlich seine Schwingung, um den Körper abzukühlen, oder beschleunigt sie, um ihn zu erhitzen. Ausdehnung kühlt immer ab und Kompression erhitzt!

Es gibt noch unendlich viel mehr darüber zu lernen, wie dein Körper funktioniert und warum er so ein unglaubliches Meisterwerk ist. Und doch ist schon jetzt jede einzelne Zelle deines wunderschönen Körpers buchstäblich von *aller* Weisheit aller Zeiten erfüllt. Dein Körper kann dich sehr viel lehren, wenn du ihm nur ein wenig liebevolle Zeit und Aufmerksamkeit schenken willst. Benutze ihn weise, um deinen Seelenpartner zu finden. Er oder sie wird *die Schönheit und Liebe deines Körpers* auch erkennen!

Kapitel 11

# Verborgene Regeln in Liebesbeziehungen

Jeder Mensch hat von Natur aus unzählige verschiedene „Gesichter". Sie kommen sowohl von unseren Haupt-"Lebensströmen", von unserer ewigen *spirituellen* Wirklichkeit, als auch von unserer vergänglichen *physischen* Realität. Mindestens 20 Milliarden oder mehr „Gesichter" unserer Vorfahren *leben* in unseren Genen!

Auf unserer spirituellen Ebene sind all wir unzähligen Geister, jeder mit seinem *individualisierten* Geschick, EINS miteinander. Auf einer spirituellen Ebene können wir also von Augenblick zu Augenblick aus unserer *Einen Vereinten Quelle* oder GOTT Myriaden von „Gesichtern" oder einzigartige, verschiedene „Haltungen" aus unserem unendlich großen Vorrat spiritueller Vielfalt ausleihen.

Auf der Körperebene stammen sehr viele unserer Handlungen und Reaktionen aus diesen unzähligen verschiedenen Einstellungen und Lebensstilen, die uns leben. Es gibt Milliarden lebendiger „Gedächtnisknötchen" in jeder *Zelle* unseres Körpers. Jede ist erfüllt von der gesamten Erinnerung des gesamten Lebens eines jeden unserer Vorfahren. Hie und da kommen eine oder mehrere davon *aus den Kulissen* gesprungen und sagen uns genau, was wir denken, wie wir uns fühlen und wie wir uns in jeder Situation zu verhalten haben. Die Vorfahren, die in unseren letzten drei bis sieben Generationen vorherrschend waren, stellen die lauteste oder zwingendste „Stimme" in uns dar.

Diese unzähligen verborgenen Befehle oder überzeugenden Anweisungen bilden verschiedene Konfigurationen oder festgesetzte, starre Verhaltensregeln für jede Beziehung, die wir momentan erleben.

Als Folge davon setzen wir für jeden, mit dem wir in unserem Leben zu tun haben, „das passende Gesicht auf". Wir haben zum Beispiel ein festgelegtes Gesicht für unsere Eltern, das sich von dem unterscheidet, das wir für unsere Freunde oder die Menschen tragen, die wir innig lieben, für Fremde oder Geschäftspartner oder für unsere Kinder, und so fort.

Für jeden Menschen, dem wir begegnen, setzen wir ein ganz bestimmtes Gesicht auf. Das Verblüffende ist, daß wir genau wissen, wie und wann wir das gewählte Gesicht ändern müssen! Wer sagt da was von Masken?

Jede neue Haltung, jedes neue Gesicht wird augenblicklich beim ersten Kontakt angenommen oder aufgesetzt. Es wird auch festgehalten und bei unserer nächsten Begegnung mit demselben Elternteil, Bruder, Mann, Chef, Angestellten, Geliebten, Freund und so fort in genau derselben Weise wieder aufgesetzt.

Alle unsere Liebesbeziehungen beruhen also auf genau derselben Art von verborgenen Regeln. Die meisten der „Tänze" oder gewohnten Körperhaltungen und psychologischen Einstellungen, die zwischen dir und deinem Partner ablaufen, stammen von euren unmittelbaren und vorherrschenden Vorfahren. Diese Gesichter werden sich von einem Geliebten zum anderen in gewissem Grade verändern. Die meisten deiner „Langzeit"-Geliebten bringen jedoch gewöhnlich irgendwie dasselbe Gesicht zum Vorschein, denn du wirst automatisch chemisch und elektrisch immer und immer wieder von derselben Art von Geliebten angezogen.

„Eine-Nacht-Affären" stammen aus einer anderen Konfiguration, deshalb sind die Regeln hier ganz anders, aber alle deine längeren Liebesgeschichten laufen sicherlich nach verblüffend ähnlichen verborgenen Regeln ab oder haben ein ähnliches Gesicht.

Es sind nur drei Generationen nötig, um einen neuen Gesichtszug einzuführen oder einen alten zu löschen! Wenn sich also drei vorherrschende Generationen vor dir das Vergnügen eines oder einer „heimlichen Geliebten“ gestatteten, dann wäre dies auch dein „natürliches“ genetisches Muster. Du würdest einen Partner finden, der dein sexuelles Begehren und deine Leidenschaft erregt, aber auch eine heimliche Geliebte, um deinem Eigenleben ein wenig mehr Feuer und Pfeffer zu geben, genauso wie es deine Großeltern taten. *Es ist vererbt!*

Wenn andererseits mehrere deiner vorherrschenden Vorfahren einfach heirateten und sich eines treuen und weniger leidenschaftlichen Sex- und Liebeslebens erfreuten, dann wäre das die verborgene Regel oder das dominante Gesicht, nach dem du in deiner jetzigen Liebesbeziehung lebst!

Da jeder von uns einzigartig und auf wunderbare Weise verschieden ist, wäre es ein unmögliches Unterfangen, die vielen möglichen Arten „verborgener Regeln“, die aus den verschiedenen Richtungen oder Ebenen aufsteigen können, zu beschreiben. Außerdem sind auch die Körperchemie, geistige Entscheidungen und das gesellschaftliche Massenbewußtsein heute an der Bildung vieler deiner äußerlichen Einstellungen oder Gesichter beteiligt. Nachrichten und Unterhaltungssendungen färben unsere Phantasie und malen uns neue Gesichter, die wir tragen können. Der Druck unserer Zeitgenossen kann ebenfalls andere Gesichter in uns auslösen. Es gibt Abertausende von Faktoren, die uns dazu veranlassen, schnell unseren „Hut zu wechseln“ oder ein anderes Gesicht zu zeigen!

Jeder von uns hat alle möglichen verborgenen Regeln in seiner Körperchemie eingebettet, die sich jeder wissenschaftlichen Definition entziehen. Wenn diese Regeln jedoch einmal in deine DNS und deine Gene „geschrieben“ sind, dann sind sie für dich wie die *zehn Gebote* – es sind eherne Gesetze. Sie leben ewig in dir und sind bereit, aus der Chemie deines Körpers zu dir zu sprechen, selbst wenn du es nicht erkennst oder dir dessen nicht bewußt bist. Zwischen dem, was wir unser einfaches waches Bewußtsein nennen oder als solches kennen, und unserem tiefen Unbewußten klafft eine riesige Lücke.

Inzwischen hast du vielleicht schon erraten, daß das, was wir so elegant als *Unterbewußtsein* bezeichnen, in Wirklichkeit unsere Körperchemie ist, die den Myriaden sehr lebendiger „Gedächtnisknötchen" unserer Vorfahren entstammt. Die meisten unserer verborgenen Regeln und Pläne, in Liebesbeziehungen ebenso wie in allen anderen irdischen Beziehungen zwischen Menschen, kommen von diesen tiefen und schmerzlich einschränkenden, wenn auch befehlsgewohnten inneren *Herrschern*!

Dieses Wissen oder diese Erkenntnis aus der Lebenswissenschaft sollen dich jedoch nicht erschrecken oder traurig machen, sondern du sollst dir nur dieser vielen verschiedenen verborgenen Faktoren oder Motivationen, die anscheinend jenseits deiner oder meiner Kontrolle liegen, sehr deutlich bewußt werden.

Aber Achtung: *Du bist mehr als dein Körper!* Du bist mehr als deine Vorfahren, und du bist viel mehr als „gesellschaftliches Bewußtsein", *aber nur, wenn du es weißt!* Wissen ist nur dann eine Macht, wenn es benutzt wird! Denke also über all dieses wunderbare Wissen nach, nimm es in dich auf und benutze es, um dein Leben als das heilige und lebendige Gottwesen zu führen, das du bist – und das jetzt fröhlich in einer menschlichen Form wohnt. Wenn du das nicht tust, wird das, was du tust, und werden deine scheinbaren „Entscheidungen" direkt aus der verborgenen biologischen Masse und einem riesigen, uralten genetischen Erbe kommen.

Kapitel 12

# Unser Bedürfnis nach Romantik

Stell dir vor, was für eine trostlose, graue Welt wir ohne Liebe und Romantik hätten! Ohne romantische Abenteuer wäre alles roboterähnlich, „konkret“ und sachlich. Ohne Romanzen wäre die Erde von scheinbar „lebenden Toten“, anstatt von vitalen und lebendigen Menschen bewohnt!

In einer warmen, sternenklaren Nacht bei einem Spaziergang im Mondschein erhebt die Romantik die Seele und läßt den Geist zu den Sternen fliegen! Romantik läßt sich jedoch überall finden, wo dein Geist sie finden möchte...

Jeder Mann und jede Frau auf Erden hat ein wirkliches Bedürfnis nach romantischem Abenteuer in ihrem Leben. Denk einmal darüber nach. Bade in dem warmen Gefühl! Romantik erzeugt Wellen, Kribbeln und Wonneschauer in deinem physischen menschlichen Körper.

Unser Körper erwacht und reagiert mit Vergnügen auf die Aussicht oder den Gedanken an eine persönliche Romanze. Er weiß, daß jedes Organ, jede Zelle und jedes Atom seiner Molekularstruktur auf eine hochschwingende Frequenz des Glücks und der Freude erhoben werden wird.

Die Zellen und Nerven deines Körpers erkennen und reagieren auf jede winzigste Nuance psychologischer oder körperlicher Anregung, die du empfindest. Dein ganzer Körper mit all seinen Teilen ist abhängig von deinem positiven oder negativen „Input“.

Deine Zellen lachen, wenn du lachst. Sie weinen, wenn du weinst – und sie tanzen, wenn du tanzt! Deine Zellen freuen sich, wenn du dich freust! Dein Körper erfreut sich guter Gesundheit, wenn *du* dich einer guten Gesundheit erfreust!

Deine Zellen nehmen an deinen romantischen Gefühlen teil und wärmen sich daran, wenn du in einen neuen romantischen Zustand „hochschaltest". Sie kribbeln und vibrieren mit ebensoviel Vorfreude wie du beim ersten „Blick" oder der ersten „Berührung" des Menschen, den du – romantisch – liebst.

Eine Romanze ist wie kein anderer menschlicher Zustand. Sie verändert deine Sicht der Person, in die du verliebt bist, und du siehst ihn oder sie erhoben und in einem Glorienschein. Du liebst ihn umso mehr, wenn du ihn in diesem romantischen Lichte siehst. Durch eine länger anhaltende romantische Aura wird ein Frosch zum Prinzen und das häßliche, ungestalte Ungeheuer ist in ein wohlwollendes und anziehendes Wesen verwandelt. Dein romantisches Schauen erhebt auch fast immer die anderen – denn sie werden inspiriert (mit Geist erfüllt) und werden zu all dem Guten (Göttlichen), das du in ihnen siehst!

Bei einer Romanze gewinnen also alle, außer wenn du dich absichtlich darüber hinwegtäuschst, daß du in deiner Beziehung ausgenutzt wirst. Auch mit noch so viel romantischem Licht kann ein Mensch nicht dazu gezwungen werden, „seine Färbung zu ändern" – nicht, wenn er verschlossen und entschlossen ist, zu sein, was er als seine eigene unsichere Identität projiziert.

Unter normalen Umständen bringt Romantik jedoch wirklichen Zauber in ein langweiliges Leben zurück. Sie belebt deinen Geist und schickt deinen Körper und dein Bewußtsein auf unbekannte Abenteuer aus.

Die Menge und Qualität der Romantik, die jeder von uns in seinen Genen trägt, ist natürlich unterschiedlich. Mein eigenes Leben war schon von jeher voll von unglaublichen romantischen Abenteuern. Dieselben romantischen und abenteuerlichen Gene leben auch in dir. Sie müssen nur aufwachen. Wecke sie auf!

Möge der Rest deines Lebens mit all der Romantik, den Abenteuern und der Liebe erfüllt sein, die du und dein eigener Körper entdecken und genießen möchten!

Kapitel 13

# Unser Bedürfnis, zu lieben und geliebt zu werden

Fast ausnahmslos sehnen wir alle uns sehr danach, geliebt zu werden! Es ist wie ein großes „schwarzes Loch“, das niemals ganz gefüllt wird. Oft scheint die Liebe, die wir finden und in der wir einen Moment lang baden, uns wieder zu entschlüpfen, so daß wir uns wieder leer fühlen.

Dieses Gefühl, geliebt werden zu wollen, ist hauptsächlich auf die „ursprüngliche Trennung“ zurückzuführen, als du und ich in scheinbar getrennte „Selbste“, Fragmente Gottes „vereinzelt“ wurden. Für unsere Individuation ließ GOTT *absichtlich* ein „Feld der Abstoßung“ zwischen uns und Ihm/Ihr zu. Das führte zu einem Abstand, einem Raum zwischen uns, die wir nach dem Bilde GOTTES gemacht, aber scheinbar von GOTT *getrennt* waren.

Es war eigentlich ein liebevolles Geschenk – das Geschenk des Eigenlebens! Es ermöglichte uns eine scheinbar von GOTT getrennte Identität. Gleichzeitig jedoch spürten wir den tiefen Schmerz der scheinbaren Trennung, den Schmerz, zersplittert, nicht mehr ganz oder heil – *heilig* – zu sein!

So entstand das Bedürfnis, das „verlorenene“ Selbst wiederzufinden und das „gefundene“ Selbst zu kennen und mehr davon freudig auszudrücken! Was ebenso begann, war das Gefühl, das uns immer verfolgt, nämlich *weniger als wir selbst zu sein* und uns deshalb nicht voll und angemessen ausdrücken zu können.

Unser Bedürfnis nach Liebe geht also weit zurück in unserer Evolution, bis zu der Zeit, wo dieses große *Trennungsthema* begann. Es ist eine angeborene Erinnerung in uns, die erst *voll* gelöst sein wird, wenn wir wieder *unsere eigene* göttliche Ganzheit erkennen und aufhören, *außerhalb* von uns nach etwas zu suchen, das uns bestätigt und das Faß ohne Boden in unserer Psyche füllt.

Ist diese große Sehnsucht nach Liebe in uns ein biologisches oder ein spirituelles Bedürfnis? Es ist *beides*! Tief in unserem Inneren, auf der Ebene unseres Einen Gottes, kennt unser Geist bereits bedingungslose Liebe und drückt eine spirituelle und bedingungslose Liebe aus, die das menschliche Verstehen weit übersteigt! Dieser Zustand vollkommener Liebeserfüllung gelangt jedoch nur bei voller Gott/Selbstverwirklichung in unser *getrenntes* Selbst! Wenn die Lektionen unseres menschlichen Lebens abgeschlossen sind, wird auch unsere Liebe zu Gott/dem Selbst vollkommen oder absolut sein.

Bis dahin steigt unser dringendes Bedürfnis, geliebt zu werden, auf den biologischen Ebenen von unseren Vorfahren auf, die noch immer in unseren Genen lebendig sind... Unser biologisches Bedürfnis nach Liebe wird in einer sexuellen Vereinigung sehr stark befriedigt, denn sie bringt uns wieder „zusammen" oder in Berührung mit unserem Selbst, das wir im anderen erkennen. Unser angeborenes Verlangen nach „Einssein" wird körperlich erfüllt.

All deine unerfüllten Vorfahren schreien heute in deinem Körper nach *ihrer Erfüllung*. Dieses Verlangen ist nur das ständige chemische und elektrische „Feuer" durch die Mitochondrien deines Körpers – die deine liebeshungrigen Vorfahren verkörpern; auch wenn es in deinem Körper bewußt als *dein Bedürfnis* nach Liebe verzeichnet wird. Du mußt dich befreien!

Das heißt, daß du, solange du unter der Herrschaft deiner Körperchemie bleibst, immer weiter ein *falsches Bedürfnis* nach Liebe wahrnehmen und empfinden wirst! Wenn du erkennst, wer du *spirituell* in Wahrheit bist, weißt und spürst du ganz von selbst, daß du ganz und gar vollständig bist. Du kennst und spürst all die

Liebe des Universums, Gottes Liebe zu dir! Du hörst auf, dich nach der Liebe der anderen zu sehnen, und *gibst* den anderen statt dessen freigiebig und unaufhörlich deine Liebe!

Dein großes Bedürfnis nach Liebe muß genau um 180 Grad umgekehrt werden. Du mußt *zuerst und vor allem dich selbst* lieben! Das wunderbare Paradoxon, das sich einstellt, wenn du gelernt hast, dich selbst zu lieben, ist, daß dein Bedürfnis nach der Liebe anderer *verschwindet!* Was du brauchst, ist nicht die Liebe der anderen, sondern eine *große Liebe zu dir selbst*!

Sobald du das erkennst und verwirklichst, wirst du zu einem Magneten, der ironischerweise genau die Liebe der anderen anzieht, die du zuvor so verzweifelt zu brauchen schienst.

Liebe zieht immer mehr Liebe an. Haß oder Angst bringt mehr Haß und Angst hervor. Diese Anziehung zwischen gleichen Polen ist allgemeingültig. „Gleich und gleich gesellt sich gern!" Dasselbe universelle *Gesetz der Polarität* läßt sich auf jeden abgespaltenen Teil innerhalb der ganzen Existenz anwenden, es gilt in allen Dimensionen und allen Konstrukten von Zeit und Raum auf der Welt.

Du mußt dein Bedürfnis, *dich* zu lieben, erkennen und bis zu einem gewissen Grade befriedigen, bevor du diesen selben Grad an Liebe anderen *geben* kannst. Es ist praktisch unmöglich, etwas zu geben, was du persönlich gar nicht besitzt!

Der Weise, der diese Wahrheit entdeckt und integriert, wird demnach seine Zeit nicht mehr damit verschwenden, geliebt werden zu wollen, ohne zuerst etwas Selbstliebe aufzubringen.

Diese Selbstliebe wächst mit bewußter Übung. Du bekommst, was du gibst – nicht nur anderen, sondern auch dir selbst. Wenn du dich selbst verdammst und haßt, bekommst du von anderen dasselbe oder mehr davon! Schenke dir Anerkennung und liebe dich selbst, dann werden andere dich ebenso oder mehr lieben und schätzen.

Die Frage, die du dir stellen mußt, ist also: Wie lerne ich die Kunst der Selbstliebe? Du weißt jetzt, wie! Wissen ist mehr wert als aller äußerer Reichtum der Welt. Wenn du es einmal hast, gehört es dir für immer. Es ist tief in deine atomare Masse eingebettet und begleitet dich von einem Leben zum nächsten, wobei es ständig größer wird. Deshalb gibt es Leute wie Mozart und Einstein!

Alle Großen der Vergangenheit lernten zuerst, sich selbst zu lieben, bevor ihre Größe zutage trat, um alsbald von der Welt erkannt und geschätzt zu werden.

Wir Menschen sind manchmal wie kleine Kinder: Wir schenken uns Spielzeug und Schmuck in Hülle und Fülle, und nur allzuschnell wird uns alles fad. Wir lassen das Zeug verstauben und alt werden – während doch ohne jeden Zweifel schon das winzigste Geschenk der Selbstliebe unser ganzes Sein mit Freude erfüllen würde. Die meisten Kinder bekommen zu viel Spielzeug und unnützen Kram geschenkt, der sich irgendwo stapelt und das Kind bald nicht mehr interessiert, wohingegen sie zu schönen, erleuchteten Seelen auf Erden erblühen würden, wenn wir sie statt dessen lehren würden, sich selbst zu lieben.

Du wirst mit großer Wahrscheinlichkeit viele andere Menschen lieben, die deiner Liebe würdig sind, aber nur, wenn du dich selbst zuerst lieben kannst! Also fang an.

*Wie* oder *warum* fängst du an, dich selbst zu lieben? Indem du liebenswert bist, natürlich! Niemand, der recht bei Sinnen ist, wird dich mögen oder lieben, wenn du weiterhin Lieblosigkeit ausstrahlst. Man wird dich tunlichst meiden und vielleicht offenkundige Abneigung oder Mißachtung für dich empfinden. Es sei denn natürlich, die, mit denen du zu tun hast, hassen sich selbst genauso. Elend liebt seinesgleichen, also werden sie sich zum Kritisieren und Lamentieren mit dir zusammentun. Aber es ist leichter und angenehmer, liebenswert zu sein!

Um liebenswert zu sein, fängst du einfach an, liebenswert mit dir selbst und anderen umzugehen! Anstatt deinen Körper, deinen Nachbarn oder sonst jemanden zu beschimpfen, anzuklagen und zu verfluchen, schaust du tief hinein in deinen eigenen schmerzenden Körper oder in den Schmerz deines Nachbarn und findest dort ganz tief innen die liebenswerte Göttlichkeit!

Du kannst deinen eigenen Körper als unglaubliches und wunderschönes Gefährt betrachten und ihn wirklich wertschätzen. Du kannst im Innern deines Freundes oder Nachbarn durch alles hindurch, was dich vielleicht ärgern könnte, den Gott sehen – genau so, wie du gerade lernst, den Gott in dir zu erkennen!

Deine Liebe zu dir selbst beginnt in dem Augenblick, wo du wirklich und wahrhaftig *weißt*, daß du ein Gott oder eine Göttin in menschlicher Form bist! In diesem Augenblick behandelst du dich selbst und die anderen mit Achtung und Anerkennung und umfängst und erhältst all die Ehre, die ein göttliches menschliches Wesen verdient. Deine Liebe zu dir selbst wird dir bald völlig selbstverständlich werden. Schon jetzt hast du eine Seele voll reiner Liebe, die du den anderen um dich her schenken kannst. Wenn die Liebe zu dir selbst einmal in dir geboren ist, ist es nahezu unmöglich, zurückzugehen und dich oder deinen Körper oder andere wieder zu hassen. Dein Geist wird sich mit dem deines Seelenpartners vereinen, um heute in unserer manchmal sehr dunklen Welt *niederen gesellschaftlichen Bewußtseins* ein strahlendes Licht reiner Liebe zu sein. *Strahle weiter,* mein Freund!

Kapitel 14

# Biologische oder spirituelle Liebe

Kannst du einen Schock verkraften? Fast jeder Mensch auf Erden (du sicherlich nicht ausgenommen) glaubt, seinen physischen Körper, seine Gedanken, Gefühle und die endlosen Ereignisse seines Lebens voll unter Kontrolle zu haben. *Nichts könnte der Wahrheit weniger entsprechen!*

Alles menschliche Bewußtsein und jegliche Wahrnehmung steigt durch eine Reihe atomarer und zellulärer Neuronenblitze in uns auf, wenn Lichtphotonen auf unser komplexes Gehirn- und Nervensystem treffen. Ausnahmslos jeder Mensch wird durch diese elektrischen und chemischen „Zündungen" in seinem Körper „betrieben".

Die Gedanken und Gefühle, die du *dein eigen* nennst, „wallen" aus einer Körperchemie „auf", die durch die Kreuzungen von weit über 20 Milliarden Vorfahren festgelegt sind, die jetzt in deinem Körper wohnen! Alle diese Vorfahren drücken das, was sie früher einmal gelebt haben, durch die DNS und die Gene jeder einzelnen Zelle deines Körpers aus. Halte einmal einen Moment inne und versuche dir den gigantischen Chor von Befehlen und Forderungen vorzustellen, den diese 20 Milliarden-Menge, von der du abstammst, auf dich losläßt.

Bevor du erwachst und erkennst, wer du in Wirklichkeit bist und( im Augenblick der Gegenwart) die Verantwortung für deinen jetzigen physischen Körper übernimmst, beherrschen die chemischen Übermittlungen deiner dominierenden Vorfahren deine *scheinbar* „eigenen" Gedanken und Gefühle.

Tatsache … Milliarden und Abermil-
liarden vo … gnügt in deinem Körper
lebt. Jeder … k bemerkbar und besteht
darauf, de … ein, der für *deinen* Körper
und dein … her deiner dominierenden
Vorfahrer … errscht, ist von Augenblick
zu Augen … schieden, je nachdem, wel-
che äuße … nd.

Im a … eben Generationen deiner
Vorfahr … ir gewöhnlich sind sie stän-
dig dam … edanken und Gefühle aus-
zulösen, … nd nicht deine!

Du … zwanzig Milliarden „Stim-
men“ i … n deiner, welches Gefühl ge-
hört d … , wie du auf paradoxe Weise
deine … erlieren“ und Verantwortung
übern … r alleinige Herrscher über die
Gedar … in deinem Körper und seine
unschä … ns. (Jede einzelne Zelle deines
kostbar … issen der Vergangenheit, und
wenn de … e, könnte eine deiner Zellen –
wenn nö … sum wieder aufbauen!)

Bis dah … was du magst und nicht magst,
deine Liebe … g gegenüber allen neuen Men-
schen, dener … ichlich aufgrund deiner *ererbten*
Reaktionen a … wingung eines neuen Menschen
in einem dein … en die Erinnerung an ein ange-
nehmes körperl … orruft, empfindest du ihn als an-
genehm. Dein … t diesem Menschen gegenüber
genau dieselbe Ar … wie dein Vorfahr es hatte. Das
Ganze hat mit *dein* … in gar nichts zu tun. Es ist reine
Körperchemie!

Dasselbe geschieht natürlich bei einem verhaßten oder unangenehmen Erlebnis, an das einer deiner dominierenden Vorfahren durch eine Begegnung im jetzigen Augenblick erinnert wird. Deine Körperchemie erzeugt augenblicklich Drüsen- und hormonelle Reaktionen der Abneigung oder des Hasses gegenüber diesem Menschen.

Aus diesem Grunde wird man oft biologisch in eine Liebesaffäre hineingezogen. Wir alle haben potentielle biologische Liebhaber, das heißt, Menschen, die in unser Leben treten und perfekt jemanden widerspiegeln, der eine leidenschaftliche Beziehung mit einem oder mehreren unserer vorherrschenden Vorfahren hatte!

Bei einer körperlichen Begegnung mit einem solchen Menschen wird in deinem Körper dieselbe Art von Reaktion ausgelöst *sowie eine biologische Anzeihungskraft*! Du zelebrierst dann vielleicht das passende Werbungsritual, das zu derselben Art leidenschaftlicher Liebesgeschichte führt, wie sie einer deiner Vorfahren schon begonnen und genossen hat. Natürlich erhält diese modernisierte Form einer Liebesgeschichte auch noch deinen unverwechselbaren Ton dazu, der nun wiederum getreulich in deinen Genen verzeichnet wird, um von einem Zeitalter unserer evolvierenden Menschenrasse zum anderen an deine Kinder und Kindeskinder weitergegeben zu werden. *Du* wirst dann vielleicht der Vorfahr oder die Vorfahrin sein, der/die einen deiner vielen Nachkommen zu einer wilden und lustvollen Begegnung beflügelt, wenn dieser Glückliche jemanden wie deine eigene heutige Liebe trifft.

Natürlich sind alle Körper auf wunderbare Weise verschieden. Manche erleben also in endloser Folge unzählige biologische Lieben, während andere nur einige wenige und manche *gar keine* treffen!

Wie gesagt üben die letzten sieben Generationen die stärkste biologische Herrschaft über deine Körperchemie und dein tägliches Leben aus. Es sind nur drei Generationen der Unterdrückung erforderlich, um positivere genetische Züge deiner

Vorfahren zu überdecken oder zu unterdrücken. Wenn zum Beispiel die letzten drei Generationen deiner *Mutter, Großmutter und Urgroßmutter* alle in einer Folge genetischer Übertragung sehr depressiv waren, wirst auch du zu Depressionen neigen. Es wird nicht genügend elektrische und magnetische Ladung in deinem Körper vorhanden sein, um die Aufmerksamkeit eines biologischen Liebhabers zu erregen oder ihn anzuziehen, während andere um dich her offenbar einen, zwei oder mehrere anziehen können!

Es gehört fast übermenschliche Kraft dazu, mit einer solchen Art von genetischem Erbe deine Körperchemie zu „durchbrechen" und jenseits der drei unterdrückenden Generationen an einen genetischen Code heranzukommen, der dir eine biologische Liebesbeziehung ermöglicht.

Der leichteste und schnellste Weg zu einem großen Durchbruch ist jedoch nicht der Machtkampf mit deinem genetischen Erbe, sondern du umgehst statt dessen deine Körperchemie ganz, *dezentrierst* dich und begibst dich, wie in Kapitel 6 dargestellt, direkt zur göttlichen Quelle deines Seins.

In der unendlichen Masse biologischer Erfahrungen, niedergelegt von über 20 Milliarden Vorfahren, ist jedes mögliche Szenario enthalten. Der Einfachheit halber können wir das oben genannte Beispiel umdrehen. Sagen wir einfach, dein *Vater, deine Großmutter und dein Urgroßvater* lebten alle in idealen, lang anhaltenden und ungeheuer innigen Liebesbeziehungen. Wenn dem so ist und dies deine vorherrschenden Gene sind, wirst du ganz leicht einen echten biologischen Seelenpartner anziehen können. Du wirst dann dieses köstliche Geschenk höchster Liebe an deine Kinder und ihre Nachkommen weitergeben. Du legst es in ihren Gene nieder!

Um dies im Blick zu behalten, kannst du das nächste Mal, wenn du bei der Begegnung mit einem Fremden das vertraute „positive" oder „negative“ Kribbeln in deinem Körper spürst, innehalten und verstehen, daß nicht dein Bewußtsein dieses Gefühl ausgelöst hat, sondern daß es deine Körperchemie war! Dein Körper ist ein wunderbares Instrument, das du immer innig lieben und und voll und ganz unterstützen solltest. Er tut nur „das Seine“.

Deine große menschliche Freiheit kommt, wenn du lernst, deine DNS oder die „Masse“ deiner Vorfahren dazu zu benützen, daß sie das unterstützen, was *du* erleben möchtest! Bis dahin wird deine Körperchemie automatisch reagieren, zensieren, diktieren und dein Leben beherrschen. Du kannst das ändern.

Übernimm heute die Verantwortung für deinen Körper!

## Spirituelle Liebe

Über 98 Prozent aller „Liebesbeziehungen“, die es gegenwärtig auf der Erde gibt, stammen aus der Körperchemie und werden aus ihr gelebt. Das war oder ist biologische Liebe. Daran ist gewiß nichts verkehrt. Liebe in jeder Form erhebt Körper und Geist des Menschen. Es ist jedoch sehr traurig, wenn weniger als zwei Prozent aller menschlichen Liebesbeziehungen auf diesem Planeten heute eine sinnvolle *spirituelle* Grundlage haben.

In einem durchschnittlichen Menschenleben von etwa 70 Jahren erlebt der Durchschnittsmensch nur relativ flüchtige Sekunden spiritueller „Berührung“ mit anderen, in schweren Fällen vielleicht nur insgesamt etwa zwanzig Minuten in einem ganzen Leben. Anstatt daß wir unseren Körper beherrschen, beherrscht er uns! Was für eine Verschwendung unschätzbarer Augenblicke des Lebens!

Einige wenige Menschen haben jedoch gelernt, so vollkommen sie selbst zu sein, daß sie spirituelle Liebe kennen und ausdrücken können.

Die phantastischste Vorstellung, die man sich von einer großen spirituellen Liebe machen kann, ist sehr wohl möglich. Beide Partner müssen jedoch wissen, wer und was sie sind, und sich absolut *sicher* dabei fühlen, sich miteinander auszutauschen und verletzlich zu sein. Bevor man nicht mit sich selbst völlig vertraut und intim ist, ist ein frei ausgedrücktes spirituelles Leben unmöglich. Ja, jeder von uns ist ein Gott in menschlicher Form, aber nur wenn wir es wissen und zum Ausdruck bringen! Andernfalls funktionieren wir aus der Masse der Neuronen, die elektrisch und chemisch in unserer physischen Form herumfunken.

Wenn spirituell Liebende *aufeinandertreffen,* schlägt der Blitz ein, und die leidenschaftliche Liebe, die sie erleben und einander schenken, entzieht sich jeder Beschreibung! *Reine Glückseligkeit* ist die annäherndste Bezeichnung, die man auf die Gefühle und die hüllenlose Vertrautheit anwenden kann, die spirituelle Liebende auf der Körperebene erleben. Wir werden darauf später noch zu sprechen kommen. Du kannst dir vielleicht vorstellen, wie gut es sich anfühlt, mit deinem oder deiner Geliebten vollkommen du selbst zu sein!

Der Grund, warum die meisten von uns in einer menschlichen Körperform unsere Liebe auf biologische Weise finden und ausdrücken, ist, daß wir eine Trennung oder Distanz zwischen uns und dem Menschen, den wir lieben, aufrechterhalten. Diese Lücke zwischen unserem Geliebten und uns selbst läßt sich nur überbrücken, wenn wir uns selbst kennen; nur dann kann Selbst mühelos mit Selbst kommunizieren.

Diejenigen von uns, die in einer echten spirituellen Liebesbeziehung leben, sind mit Wesenheiten zusammen, die sich selbst auf spiritueller Ebene „gefunden" haben und auf derselben Wellenlänge schwingen wie sie selbst. Vielleicht hast du so etwas noch nicht erlebt, aber laß dich deshalb nicht entmutigen. Wenn du lernst, du selbst zu sein und nicht bloß den Bildern zu entsprechen, die Gesellschaft oder Freunde auf dich projizieren, *wird* diese wunderbare spirituelle Selbstliebe und die süße Liebe zwischen dir und deinem oder deiner eigenen spirituellen Geliebten zur körperlichen Wirklichkeit werden. Ich weiß es, denn bei mir ist es so!

Mögest auch du den Segen echter Selbstliebe und einer ekstatischen körperlichen und seelischen Liebe zwischen dir und deinem oder deiner spirituellen Geliebten erleben!

Kapitel 15

# Höchste Vertrautheit

Das tiefste persönliche und spirituelle Bedürfnis eines jeden von uns, der einen kostbaren menschlichen Körper bewohnt, ist unser natürlicher Drang, miteinander zu teilen. Und der wichtigste und kostbarste Besitz, den wir miteinander teilen können, ist die Intimität unseres eigenen körperlichen und spirituellen Seins! Unser Bedürfnis nach Intimität hat tiefe Wurzeln. Es stammt aus Zeiten, die schon Äonen zurückliegen, bevor unsere Erde geschaffen war, als du und ich einfach reiner, bewußter Geist waren. Als Geister hatten wir kein Mittel, um uns selbst mit anderen „Geistern" auszutauschen. Als schließlich durch die göttliche Inspiration diese phantastischen menschlichen Körper (als „Gefährt" für unseren Geist) erschaffen wurden, erfüllte sich damit ein großer Wunsch, ein brennendes Verlangen, *uns selbst mit anderen zu teilen.* Wir sehnten uns danach, unseren Raum, unsere Leere und die offensichtliche Trennung von anderen und uns selbst, die wir so bitter empfanden, zu füllen.

Als Gott, unsere Quelle, das Prinzip der Anziehung und Abstoßung in Gang setzte, ermöglichte uns dies, uns von der Ganzheit unseres göttlichen Seins zu *trennen.* Wir fühlten uns jedoch schmerzlich abgestoßen. Wir verstanden nicht, welch großartiges Geschenk unser Schöpfer uns machte – das Geschenk der *Individuation.* Als individuelle Fragmente des Gott-Selbstes wurden wir losgelassen, durften Gott, unserer Quelle, gleich sein, und erhielten so unsere eigene, deutlich unterschiedene Persönlichkeit oder „Selbst"-Identität.

Um zu existieren und schöpferisch zu sein, mußten wir eine einzige elektrische Polarität beibehalten und entweder hauptsächlich männlich oder hauptsächlich weiblich sein. Ohne diese Polarität ist die Trennung vom Ganzen unmöglich, und es kann keine Materie (zur Schöpfung) angezogen werden!

Wir alle sehnten uns jedoch von Anfang an (und bis zum heutigen Tage) zutiefst danach, wieder auf einer spirituellen Ebene in dieser Ganzheit mit unserem Schöpfer aufzugehen. Dieses Urverlangen ermöglicht es uns, unsere hauptsächlich männliche oder hauptsächlich weibliche elektrische Ladung körperlich in einer glückseligen sexuellen Vereinigung mit unserem Gegengeschlecht aufgehen zu lassen, die unsere elektrische Energie gleichzeitig aufbaut und entlädt und unsere Polarität entspannt und befreit. Auf diese Weise entstand unser Verlangen nach Intimität oder nach der Nähe zu anderen Menschen.

Sexuelle Intimität und der sexuelle Akt zwischen Mann und Frau gibt uns die grundlegende Befriedigung, die wir auf körperlicher Ebene brauchen. Sie reicht jedoch niemals ganz aus! Wir mögen uns bemühen, wie wir wollen – jenes letzte physische Gleichgewicht mit unserem Schöpfer, an das wir uns vage erinnern, erreichen wir nicht!

Auch unsere Seelen müssen Intimität kennen und ausdrücken. Wenn beide Partner bereit und in der Lage sind, einander auf körperlicher und geistiger Ebene *voll* zu umfangen, entsteht eine glückselige und ekstatische Seelenpartnerbeziehung zwischen ihnen.

Nicht nur zwischen Liebenden ist Intimität nötig und erwünscht, sondern sie ist auch erforderlich, um starke Bindungen in der Gesellschaft und auf jeder Ebene gesellschaftlichen Austauschs zu schaffen.

Je mehr du jemanden wirklich kennenlernst, desto lieber gewinnst du ihn oder sie! Auf der intimsten Ebene des Seins bist du und sind alle anderen Menschen nämlich bewußt, dynamisch und attraktiv, lebendig, Lichtwesen – eben Fleisch gewordene „Götter".

Wenn du einmal gelernt hast, tief in dich hineinzugehen, über die Verletzlichkeit hinaus in die Intimität deines wahren Selbst hinein, wirst du zu einem starken und magnetischen Zentrum der Anziehung für andere. Dein Seelenpartner (und zahllose andere erfreuliche Lieben und Freunde) werden in deinen Raum hineingezogen.

Jedesmal wenn du eine Schicht oder eine Schale begrenzter oder falscher Identität ablegst, so daß andere dich besser kennenlernen können, wächst deine elektrische Ladung und deine persönliche Anziehungskraft.

Du kannst deine Sexualität weise dazu benutzen, deine eigene wahre Vertrautheit mit dir selbst zu schaffen, und den Gott oder die Göttin in deinem Seelenpartner oder Sexualpartner zu ehren und achten. Tatsächlich siehst du nie, wie weich und schön, wie wirklich göttlich dein Partner oder deine Partnerin ist, wenn du nicht zuerst deine eigene strahlende Göttlichkeit siehst und anerkennst!

Du kannst dein tiefes Verlangen nach Nähe und Vertrautheit zunächst einmal dadurch stillen, daß du dich aufmerksam und bewußt mit deinem eigenen Körper befaßt. Berühre ihn, streichle ihn, sei zärtlich zu ihm, vertraue ihm! Behandle deinen wunderbaren Körper als etwas Wunderschönes, nicht als eine Quelle des Schmerzes oder als eine schreckliche und schwere Last, die du mit dir herumschleppst.

Finde und erfülle liebevoll und aufmerksam die verborgenen Wünsche und Bedürfnisse deines Körpers. Dein Körper ist das Feinste und Kostbarste, was dir allein gehört! Verleugne ihn nicht! Wenn du deinen Körper durch Vernachlässigung und Selbstbestrafung vergeudest, dann schrumpfst du allmählich ein und stirbst. Wenn du hingegen vertraut mit ihm wirst, ihn liebevoll verstehst und freundlich umsorgst und berührst, wird er glückselig mit dir verschmelzen. Laß dich von deinem Körper zurück zu den Sternen tragen!

Um mit einem anderen Menschen eng vertraut zu werden, mußt du deine eigenen schlimmsten Ängste *anschauen, in die Arme schließen und austilgen* können. Solange irgend jemand oder -etwas dir noch Angst einflößen kann, wirst du dir nicht gestatten, dich mit ihm oder ihr verletzlich oder intim zu zeigen!

Ein Tier, das deine Angst spürt, nimmt sich eher vor dir in acht als daß es sich zutraulich nähert. In deiner Angst läßt du wahrscheinlich überhaupt niemanden und nichts in deine Nähe kommen, geschweige denn in deine Intimsphäre.

Manche Menschen haben tatsächlich Angst vor ihrem eigenen Körper! Sie zittern davor, daß ihr Körper sich plötzlich gegen sie wenden, sie mit unkontrollierbaren Wünschen, Trieben oder Sehnsüchten überfordern könnte, mit denen sie nicht umgehen und die sie nicht beherrschen können. Solche Menschen legen einen künstlichen Abstand zwischen sich und ihr gefürchtetes Körpergefährt.

Manche Menschen halten enge oder intime Beziehungen für unspirituell. Intimität wird ausschließlich mit Sex und sexuellen Beziehungen in Verbindung gebracht, die als schlecht oder ungöttlich angesehen werden. Viele dieser falschen Anschauungen stammen aus einer unwissenden und engstirnigen religiösen Doktrin. Der größere Teil dieser Gedanken und repressiven Gefühle stammt jedoch aus deinen eigenen Genen. Sie sind eine rein biologische Reaktion aus der Vergangenheit, die eine chemische Reaktion auslöst und eine *Irritation* in unserem Bewußtsein hervorruft, die wir „Emotion“ nennen. Wenn das so ist, müssen wir dieses alte Gepäck aus der Vergangenheit als das erkennen, was es ist, sehen, woher es kommt, und es so schnell wie möglich „hinauswerfen“.

Wenn du liebende Nähe zum Ausdruck bringen willst, mußt du dem geliebten Wesen (oder Ding) *nahe* sein. Wenn du Sonnenaufgänge magst, mußt du früh genug aufstehen, um dich strategisch an die beste Stelle zu bringen, von wo aus du einen sehen kannst! Deine Bereitwilligkeit und tatsächliche Nähe beweist deine Liebe!

Denk darüber nach! Wie kannst du jemanden lieben und intim vertraut mit ihm sein oder von ihm geliebt werden, wenn du dich „auf Distanz hältst" oder eine Mauer der Angst zwischen euch errichtest?

Intimität erfordert totale Ehrlichkeit mit dir selbst oder anderen! Wenn du also *dich* ehrlich audrückst, dann fallen deine dicksten Mauern zusammen. Und jetzt kann das göttliche Selbst, das du bist, zarte, liebevolle Nähe oder warme und *verletzliche* Intimität mit jedem Menschen und allem, was du willst, teilen.

Wie steht es mit Verletzlichkeit?

## Verletzlichkeit

Verletzlichkeit ist deine Angst, sehen und erkennen zu lassen, wer du wirklich bist. Verletzlichkeit ist ein Verteidigungsmechanismus, den dein Ego benutzt, um dein „wahres Ich" vor öffentlichen oder privaten Blicken zu schützen. Wenn du dich verletzlich fühlst, fühlst du auch Schmerz! Verletzlichkeit verringert dein eigentliches Sein! Wann immer du nicht offen sein kannst, „wer und was du bist", verschließt du dich einem großen Teil der Realität deines Lebens. Diese *Einengung* deiner selbst ist schmerzhaft! Sie vermittelt dir das Gefühl, weniger zu sein als du bist! In der psychologischen und spirituellen Bewertung deiner selbst ist jedoch *mehr* angenehm. *Weniger* ist schmerzhaft!

Zu deinem Gefühl der Verletzlichkeit (oder *Unsicherheit*) hat sehr viel die falsche Lehre in unserer Gesellschaft beigetragen, daß

„offen und weich“ zu sein schmerzt! Männern und Frauen wird heute eher empfohlen, rauh und hart zu sein und nicht ruhig und sanft. Das ist in den meisten Filmen zu sehen. Die Gesellschaft behauptet, du wirst verletzt, wenn du deine sanfte Seite zeigst, aber das genaue Gegenteil ist der Fall! Es ist deine Sanftheit, in der du stark und friedlich bist!

Du fühlst dich nur dann verletzlich, wenn du angegriffen wirst oder dich in einer schwachen Position fühlst. Dann „schützt du dich“ mit gesellschaftlich einstudierter Härte oder sonst einer falschen „Fassade“, die dein Ego für erforderlich hält – damit die anderen dein schönes und mächtiges wahres Selbst nicht sehen.

Das sollte dir einiges darüber verraten, ob du ein gutes Selbstbild hast oder nicht. Ein schwaches Selbstbild macht dich erheblich verletzlicher. Wenn du hingegen liebst, wer oder was du bist, dann verschwindet deine Verletzlichkeit!

Deine Verletzlichkeit muß sehr tief sitzen, wenn du mit *deinem eigenen* Bewußtsein ein solches trauriges Versteckspiel aufführst! Du vermeidest damit, deine wahre eigene Göttlichkeit anzuschauen und anzunehmen.

Wann immer du irgend etwas verleugnest, machst du dich verletzlich. Die Kirche täuscht sich gewaltig, wenn sie behauptet, nur „GOTT“ sei göttlich, und du und alle anderen seien „von Natur aus“ Sünder. Das ist eine Lüge. Du bist ein Gott! Eine sehr religiöse Erziehung kann dir fälschlicherweise Dutzende, wenn nicht sogar Hunderte von guten Gründen einpflanzen, warum du es nicht wert bist, in *Gottes* Gegenwart zu sein, obwohl jeder sich ständig in Gottes Gegenwart befindet!

Das Wissen, daß Gott in dir ist, wird dir in den meisten Fällen absichtlich vorenthalten, damit du dich ständig schuldig fühlst und jemanden *außerhalb von dir* brauchst, der dich rettet! Meine Güte, du brauchst nicht gerettet zu werden! Du bist, was du bist! Deine

Entscheidungen, „gut" oder „schlecht", und dein Karma bzw. die darauf folgenden Lektionen deines Lebens, gehören schlicht und einfach nur dir! Niemand sonst kann dich retten. Du kannst dich sicher oder unsicher fühlen, und nur *du allein* entscheidest darüber!

Wir verdunkeln unser Leben oft mit einer zu ernsten „Einstellung". In diesem Falle brauchen wir eine leichtere, sorglosere Perspektive. Irgendwo in dir und mir (und jedem anderen) sitzt ein sorgloser, impulsiver *Racker*! Wir treffen jedoch oftmals strenge und aufwendige Maßnahmen, um diese insgeheime leichte Seite unserer selbst zu verbergen – nicht nur vor uns selbst, sondern auch vor anderen!

Was du auch verbirgst, ist eine echte Süße, eine Freundlichkeit und Liebe zu jedem Menschen, denn du hast gelernt *und glaubst,* daß du schrecklich verletzt wirst, wenn jemand diesen kostbaren, heiligen Tempel, diesen intimen und verletzlichen Raum in dir betritt und mit dir teilt. Nichts könnte der Wahrheit ferner sein!

In dem Maße, wie du lernst, *bewußt* zugänglicher und verletzlicher zu werden, wird deine wahre Kraft zutage treten. Einfach du selbst zu sein, ist, körperlich und geistig, das herrlichste Gefühl, das es gibt! Deshalb ist es, wenn du dich selbst kennenlernen und du selbst sein willst, so ungemein wichtig, alle deine empfindlichen Stellen zu finden und aufzudecken – eine nach der anderen.

Zunächst wirst du dich jedesmal, wenn du dich ehrlich so zeigst, wie du gerade bist, nackter und verletzlicher fühlen. Du hast jetzt immer weniger, wohinter du dich verbergen kannst. Jeder dunkle Schleier, den du aufhebst, entblößt dich ein wenig mehr! Wenn du eifrig weitermachst, merkst du jedoch mit der Zeit, daß du mehr und mehr du selber wirst – wo und wie auch immer, bei jeder Gelegenheit und mit jedem Menschen!

Die reine tiefe und freudige Freiheit in Körper, Geist und Seele, die du dadurch gewinnst, wiegt all die Momente bewußter Anstrengung reichlich auf, die du zu deiner Befreiung unternommen hast!

Kapitel 16

# Der elektrische Liebende

Wie du dir denken kannst, besteht eindeutig eine Parallele zwischen einem elektrischen Liebenden und dem elektrischen Universum im Gegensatz zum magnetischen Liebenden, der mit dem magnetischen Universum zu tun hat.

Ein elektrischer Liebender ist ein Mensch, von dem du und ich uns durch unsere Chemie oder unser biologisches Erbe angezogen fühlen. Das ist ein Mensch, der uns „anmacht". Ein solcher Mensch hat irgend etwas sehr Anziehendes an sich, wir möchten ihm vorgestellt werden, möchten eine Gelegenheit haben, ein wenig mit ihm zu plaudern oder ihn näher in Augenschein zu nehmen. Unser Körper und Geist schickt uns Signale, daß wir „Notiz nehmen" und vielleicht irgendeinen Zwischenfall, wenn nicht gar (in außergewöhnlich „geladenen" Situationen) eine öffentliche Szene provozieren sollen – nur um sicherzugehen, daß wir mit dem Mann oder der Frau, der/die da aufgetaucht ist, in Kontakt kommen! Man könnte sagen, daß wir uns in einem solchen Fall völlig „untypisch" oder sogar verblüffend „daneben" benehmen.

Elektrizität „liegt in der Luft". Wir reagieren einfach auf die plötzliche elektrische Welle, die in unserem Sonnengeflecht registriert wird. Das Prinzip der Polarität tritt in Kraft, und es wird uns bewußt, daß wir von der Wesenheit vor uns nicht abgestoßen, sondern vielmehr angezogen werden. Das ist es, was normalerweise in einer elektrischen Welt geschieht, wenn zwei entgegengesetzte Pole sich begegnen – *sie ziehen sich augenblicklich an!*

Der Stärkegrad dieser plötzlichen Anziehung ist natürlich von Person zu Person und von Ereignis zu Ereignis verschieden. An manchen Tagen ist unsere elektrische Batterie sehr geladen, und wir sind empfänglicher für die elektrischen Impulse oder Schwingungen, die uns plötzlich von irgendeinem Menschen, einem Ereignis oder einer Sache entgegenkommen. Wir müssen auch die Ladung der „Batterie" der betreffenden Person, des Tieres oder des Ereignisses in Zeit und Raum ( einem Sonnenaufgang oder -untergang etwa) in Betracht ziehen. Wenn unser beider Batterien „randvoll" aufgeladen sind, fliegen gewöhnlich die Funken!

Wenn wir einem Seelenpartner-Kandidaten begegnen oder auch jemandem, mit dem wir uns nur für eine Nacht verabredet haben, oder wenn wir uns einfach unserem biologischen Drang gehorchend mit jemandem sexuell vereinen wollen, dann hält das – auch wenn es süß ist – nicht sehr lange an. Es ist keine wirkliche „Kraft" dahinter, die unser beider Batterien immer wieder auflädt!

Der anfängliche Schwung, der mächtige und pulsierende Antrieb, der beide zusammengeführt hat, läßt nach dem „Zusammenstoß" keine Funken mehr springen! Der mögliche Seelenpartner oder die leidenschaftliche neue Geliebte erweist sich als „alter Hut".

Aber laß uns jetzt dieselbe Szene auf die Begegnung mit einem wirklich *magnetischen Geliebten* übertragen!

Kapitel 17

# Der magnetische Liebende

Hier begeben wir uns wirklich auf das Gebiet der Seelenpartner! Deine oder meine Seele hat ihre natürliche Heimat in unserem magnetischen Universum. Glücklicherweise können wir wählen, ob wir geistig im materiellen elektrischen Universum, das aus atomaren Teilchen und Form besteht, leben wollen oder im magnetischen Universum, das aus subatomarer oder Antimaterie besteht, oder vernünftigerweise in beiden!

Es ist klar, daß jeder, der „auf Wolke sieben" herumschwebt, nicht in der Realität verankert ist. Andererseits ist auch ein Mensch sehr im Ungleichgewicht, der seine eigene Psyche oder die innere Realität seiner selbst oder anderer ableugnet und nur das glaubt und akzeptiert, was seine sehr leicht zu betrügenden fünf Sinne ihn (in unserer materiellen, dreidimensionalen Welt) als wirklich erkennen lassen, und der übersinnlichen Kräften und der Existenz der Seele oder des Geistes völlig skeptisch gegenübersteht!

Die gesündeste und ausgewogenste Einstellung, die wir in unserer menschlichen Form erreichen können, ist die *bewußte* Konzentration darauf, daß wir *gleichzeitig* in beiden Welten leben! Wir gerieten bei unserer Geburt in die „Gedankenfalle", daß wir und unsere Körper unsere einzige bekannte und wirkliche Realität seien.

Die meisten von uns reagieren nicht auf bzw. beginnen nicht, ein „anderes Selbst" oder Gruppenbewußtseins- (Seelenbewußtseins-) Selbst zu integrieren, bis sie etwa vier Jahre alt sind. Die einzigartige Energie oder Gegenwart der Seele wird in diesem Alter festgestellt, weil das Kind jetzt anfängt, auch an das Wohlbefinden der Mutter zu denken, und nicht mehr nur mit seiner eigenen Befriedigung beschäftigt ist.

Das Kind erreicht einen Zustand der Fürsorglichkeit, wo es die Gedanken, die Gefühle und die Gesundheit der Mutter mehr achtet und respektiert als seine eigenen. Das Kind reagiert dann bewußt auf den Magnetismus zwischen seiner Mutter und sich selbst. Dieses Vermögen, sich aus einer geschlossenen, hauptsächlich selbstbezogenen Haltung zu einer echten, offenen und seelenvollen Sorge um das Wohlbefinden anderer zu entwickeln, ist ein Aspekt und eine „sichtbare" Eigenschaft der Seele.

Ein Seelenpartner ist ein geliebtes Wesen, mit dem du auf der magnetischen oder Seelenebene in Beziehung trittst. Ein magnetischer Geliebter ist nicht heute hier und morgen fort! Seelenmagnetismus hat von Natur aus eine „haltende Kraft", die in reinen Ego- oder Persönlichkeitsbeziehungen nicht zu finden ist. Eine rein persönliche Beziehung hat nichts Substantielles, das heißt, es fehlt eine Dimension. *Sub* heißt unter. *Stanz* (von lat. *stare* = stehen) heißt so etwas wie „ständige Haltung". Wenn etwas eine echte Substanz hat, dann hat es etwas, was es „unter- (oder von innen) stützt"! Wenn etwas diese Substanz nicht hat, dann fehlt ihm die Unterstützung der Seele.

Kurz: Eine Beziehung ohne Substanz ist elektrisch und nicht magnetisch. Ein magnetischer Geliebter ist viel wünschenswerter als ein elektrischer, es sei denn, du bist mehr auf Beziehungen für eine Nacht oder eine Beziehung ohne Tiefe und Bedeutung aus!

So gesehen brauchst du dich nur zu entscheiden, ob du nach einer Beziehung mit einem leicht erreichbaren elektrischen Geliebten suchst oder damit fortfahren willst, oder ob du den festen Entschluß fassen willst, dich mit nichts weniger zufriedenzugeben als deiner eigenen, göttlichen und magnetischen Liebe, deinem Seelenpartner.

Alles, was du an Informationen brauchst, um diesen Seelenpartner anzuziehen, steht in diesem Buch. Ich hoffe, du liest und verstehst es und *benutzt* es dann, um dein eigenes Leben zu einem wahren Himmel auf Erden zu machen. Ich wünsche mir, daß du auch deinen lieben Freunden von diesem Buch erzählst, damit auch sie mit Hilfe derselben wohlerprobten Erfolgsformel ihren Seelenpartner herbeiziehen können.

Kapitel 18

# Heterosexuelle Liebe – Homosexuelle oder lesbische Liebe

## Heterosexuelle Liebe

Männchen und Weibchen paaren sich ganz natürlich, daher bilden Männer und Frauen *von Natur aus* ein Paar! Sie sind so ausgedacht und gebaut, daß sie in der sexuellen Vereinigung funktional ineinanderpassen.

Der Großteil der irdischen Gesellschaften ermutigt diesen natürlichen sexuellen Ausdruck zwischen Ehemann und Ehefrau. Empirisch ist eindeutig zu erkennen, daß die bloße rauhe Berührung eines Mannes oder die sanfte, leichte Berührung einer Frau die Chemie des jeweiligen anderen Geschlechts dramatisch verändert und erregt.

Die menschliche Zivilisation würde recht bald zerfallen, wenn es keine heterosexuelle Liebe mehr gäbe! Die Gesellschaft bedient sich jeder Art von Wissenschaft, Kunsthandwerk und Kunst, um die Heterosexualität zu fördern. In Romanen, Gedichten, Bildern, Filmen und Schlagern wird die große Sehnsucht nach Liebe, die Männer und Frauen füreinander empfinden, erfaßt und gewaltig aufgebauscht. Unsere moderne Reklameindustrie setzt diese heiße Anziehungskraft und Leidenschaft zwischen den Geschlechtern in klingende Münze um.

Eltern fördern und ermutigen die heterosexuelle Liebe im Leben ihrer Spößlinge meist schon früh. Homosexualität bei einem ihrer Kinder erschüttert sie meist zutiefst. Die meisten Eltern bemerken Anzeichen „abweichenden" sexuellen Verhaltens bei ihren Kindern sehr schnell und bemühen sich, es zu verhindern.

Die Kirche preist und befiehlt all ihren Mitgliedern standhaft einen heterosexuellen Lebensstil. Sie ermuntert dazu und gibt ihren Segen mitsamt althergebrachter Rituale und heiliger Hochzeitsgelübde dem Mann und der Frau, die sich verheiraten.

Heterosexuelle Liebe wird uns bleiben! Die Natur hat beschlossen, in ihrer geliebten menschlichen Rasse die Trennung in zwei unterschiedliche „Geschlechter" beizubehalten. *Ich bin ein Mann, und mir persönlich gefällt der einzigartige Unterschied zwischen einer Frau und mir.* Wenn ich zu wählen hätte, gäbe ich meine eine menschliche Stimme daher der natürlichen Entfaltung der heterosexuellen Liebe zwischen Mann und Frau hier auf der Erde. *Du bist vielleicht anderer Ansicht, und das ist in Ordnung!* Wenn du oder sonst ein Mensch sich entschließt, homosexuell, schwul, lesbisch oder bisexuell zu sein, dann geht mich das gar nichts an! Und auch sonst niemanden. Niemand auf Erden hat das Recht, irgend jemand anderem zu sagen, wie er sich sexuell verhalten *sollte* – noch sonst eine Art von *„sollte"* auf irgendeinen seiner Brüder oder Schwestern loszulassen.

Ich sehe keinerlei Bemühungen von Seiten der Gemeinde der Homosexuellen oder Bisexuellen, uns Heterosexuellen zu sagen, wir *sollten* bisexuell oder homosexuell sein – also können wir es auch genausogut unterlassen, sie mit ekligen *sollte*-Haufen zu überschütten.

Ich genieße es ungeheuer, heterosexuell zu sein. Es fühlt sich so gut an, ein Mann zu sein, der eine Frau liebt, und ich lasse alle anderen in sexueller Hinsicht machen, was sie wollen. Ich hoffe, du bist ebenso unparteiisch!

Nimm's leicht, öffne dich – und Freude, Liebe und Wahrheit werden in deinem Körper und Geist singen und klingen, ganz gleich, ob du *homosexuell, bisexuell oder heterosexuell* bist!

## Homosexuelle Liebe

*Eine Frau liebt eine Frau* oder *ein Mann liebt einen Mann*, und schon entrüstet sich die heterosexuelle Gesellschaft und nennt das falsch oder unnatürlich! Die Gesellschaft besteht in der Mehrzahl aus Heterosexuellen, die sich „normal" mit einer Person des anderen Geschlechts sexuell betätigen. *Normal* bedeutet im sozialen Bewußtsein: *was alle anderen machen*, und oft noch präziser ausgedrückt, was die herrschenden „Kräfte" befürworten.

Da die „offensichtlichen" (wenn auch nicht wirklich bestimmenden) Mächte, die heute die irdische Gesellschaft formen, *Kirche* und *Staat* sind, diktieren sie praktisch, was annehmbar ist und was nicht! Der Staat ist in seinen Ansichten über Homosexualität – außer beim Militär – großzügiger und weniger fanatisch als die Kirche. Er tendiert tatsächlich jeden Tag ein bißchen mehr dazu, Homosexualität als legitim anzuerkennen. Selbst der lange, mächtige und ungerechte „private" Arm der amerikanischen Steuerbehörde räumt homosexuellen Paaren, die einen gemeinsamen Haushalt führen, dieselben steuerlichen Vorteile ein wie heterosexuellen Paaren. Das ist sicherlich ein riesiger Schritt zur Anerkennung der „schwulen" Rechte!

Die Kirche hingegen weicht keinen Fingerbreit von ihrem starren Standpunkt ab, daß Homosexualität „schlecht" oder unnatürlich sei! Die meisten gebildeten Homosexuellen richten sich daher einfach „nach der Quelle". Sie setzen sich über diese gemeinen und engstirnigen Urteile hinweg. *Christus*, von dem das *Christentum den Namen entlehnte*, sagte: *„Richtet nicht, auf daß ihr nicht gerichtet werdet!"*

Am meisten verurteilen natürlich immer die selbsternannten „Vertreter" der Religion. Jeder, der andere verurteilt, ist unfähig, sein eigenes Leben zu führen – daher versucht er, anderen zu sagen, wie sie es machen sollen. Ich halte mich auch an die Quelle, deshalb fällt es mir leicht, die scharfen Verurteilungen meiner homosexuellen *Brüder und Schwestern* zu ignorieren. Aus geistiger Sicht gesehen sind Urteile oder der Versuch, einem anderen Menschen zu sagen, wie er sein Leben zu leben habe, ein „übersinnlicher Angriff".

Gott schenkte jedem von uns einen intelligenten und göttlichen freien Willen, damit wir genau den wie auch immer gearteten Lebensweg gehen können, den wir uns wünschen oder für den wir uns entscheiden.

In einer wahren spirituellen Gemeinschaft wird die Würde und Göttlichkeit eines jeden Menschen geachtet und anerkannt. Homosexuelle sollen nicht abgesondert werden – sie sind normale, liebevolle, lebendige Menschen, die die gleichen Gefühle, die gleichen menschlichen Dramen und denselben großen geistigen Wesenskern haben wie jeder andere. Sie essen, arbeiten, spielen, wählen, zahlen Steuern, schlafen, leben und sterben wie jeder andere Mensch. Sie lieben genau wie Heterosexuelle! Sie sind wie jedes andere Wesen in menschlicher Form hier, um die persönlichen und bedeutsamen Lektionen ihres eigenen Lebens zu lernen!

Homosexuell Liebende umwerben einander genauso wie alle anderen es tun. Sie gehen zusammen aus, halten Händchen, tanzen miteinander und empfinden dasselbe traurige Pathos und dieselbe erhabene, frohe Essenz ihres eigenen Wesens wie wir alle. Was soll es da für ein Problem geben?

In meinem SOULMATE-BOOK: FOR GAYS AND LESBIANS (Seelenpartnerbuch für Schwule und Lesbierinnen) (erschienen bei von Samuel Reiser Inc.) habe ich Dutzende von rationalen Erklärungen dafür gegeben, „warum" und „wie" homosexuelles Verhalten bei Menschen ebenso NATÜRLICH sein kann wie unser eigenes für uns, die wir die herrschende Mehrzahl auf unserem Planeten sind. Zum Beispiel:

In Situationen, wo ein männliches Wesen in einem weiblichen Körper inkarniert ist oder umgekehrt, ist die Körperchemie ganz natürlich verändert, so daß ein Mann sich „von Natur aus" zu einem Mann oder eine Frau zu einer Frau hingezogen fühlt.

Es gibt auch erbliche Faktoren. Das *„Absichtspaket"* der Eltern vor der Geburt kann ein „natürliches" Verlangen in die DNS einprogrammieren, sich zu einem Partner desselben Geschlechts hingezogen zu fühlen und mit diesem die biologische Erfüllung zu finden.

Die Gesellschaft kann machen, was sie will – sie wird nie aus einem Homosexuellen einen Heterosexuellen machen. Warum? Weil es *nicht seiner Natur entspricht!*

Es ist immer schmerzlich für Homosexuelle und ihre Geliebten, wenn die Gesellschaft versichert, sie könnten davon „geheilt" werden, indem sie „wieder" zu Heterosexuellen würden. Dann wäre alles in Ordnung!

*Keine Spur!* Ein Homosexueller ist von Natur aus homosexuell – so wie eine Rose eine Rose eine Rose ist – von Natur aus!

Homosexuelle Liebende sind echte, fühlende, denkende und gewöhnliche oder ungewöhnliche Menschen, so wie jedes andere Lichtwesen in einem dichten Körper. Sie essen, atmen und exkretieren wie Heterosexuelle! Sie lieben mit tiefer leidenschaftlicher Liebe, genau wie Heterosexuelle! Sie lassen dich heterosexuell sein, ohne dich zu verurteilen oder zu tadeln...

Es wäre sehr nett – und wahrlich sehr, sehr spirituell, wenn du homosexuellen Liebenden denselben freien Willen zugestehen würdest, den sie dir bereits lassen!

Ich tue es. Und du?

## Bisexuelle Liebe

*Für Bisexuelle* ist bisexuelle Liebe natürlich! Heterosexuelle, Homosexuelle und Bisexuelle folgen alle dem, „was für sie das

Natürliche ist". Wir Heterosexuellen folgen *fast* alle der Chemie unseres Körpers. Bei Bisexuellen ist das nicht anders!

Für Leser, die nicht wissen, was bisexuell heißt: Es sind Männer oder Frauen, die sexuelle Erfüllung sowohl mit einem männlichen wie auch einem weiblichen Partner finden können. Die bisexuellen Männer und Frauen, denen ich in meinem Leben begegnet bin, tendierten mehr in eine Richtung als in die andere. Eine spontanes „sexuelles Abenteuer" mit dem anderen Geschlecht (oder beiden zugleich) bringt ihnen jedoch ebenfalls große sexuelle Befriedigung.

Obwohl ein Bisexueller auf *Gleichstrom oder Wechselstrom* nahezu gleich gut operiert, hat er oder sie meist eine natürliche Vorliebe entweder für sein eigenes oder das andere Geschlecht und ist daher entweder hauptsächlich hetero- oder hauptsächlich homosexuell.

In beiden Fällen behält er oder sie jedoch die einzigartige Fähigkeit, mit Leichtigkeit in die eine oder die andere Richtung des Stromes zu „fließen", das heißt, einen Mann oder eine Frau zu lieben.

Was ich persönlich bei bisexuellen Männern oder Frauen beobachtet habe, ist, daß sie eine enorme Libido haben. Sie strahlen viel mehr sexuelle Energie aus als ein durchschnittlicher Mensch. Bisexuelle scheinen einen gewaltigen und beinahe ständigen Hunger nach Sex zu haben, der weit über den gewöhnlichen sexuellen Trieb eines Hetero- oder Homosexuellen hinausgeht. Vielleicht ist das deshalb so, weil sie Geschlechtsverkehr mit beiden Geschlechtern haben können – also tun sie es – und oft!

Die chemischen, elektrischen und genetischen Kreisläufe eines Bisexuellen sind offensichtlich anders. Dennoch ist es für den Bewohner eines so gearteten Körpers hunderprozentig natürlich, *bisexuell zu sein,* genauso natürlich, wie es für dich und mich ist, heterosexuell oder homosexuell oder lesbisch zu sein oder was auch immer du für dich wählst oder behauptest!

„Unsexuelle“ gibt es nicht! Es kann keine Wesenheit in einem menschlichen Körper leben, ohne daß entweder positive oder negative elektrische Ladung durch ihn läuft, so daß das männliche oder weibliche Magnetfeld erhalten bleibt!

Es ist ebenfalls eine Tatsache, daß Sexualität und Kreativität unverbrüchlich miteinander verknüpft sind. Ohne einen starken anziehenden oder abstoßenden Elektrizitätsfluß durch unsere menschlichen dreidimensionalen Körper hätten wir nicht den richtigen „Magnetismus“, um das spezifische Gewicht oder die *Masse* anzuziehen oder abzustoßen, die wir brauchen, um physische Dinge oder Ereignisse zu erschaffen oder geschehen zu lassen.

Bisexuelle haben enorm viel Vitalität oder „Saft“ und können sie bei jeder Gelegenheit sehr schnell aktivieren. Alle Bisexuellen, denen ich begegnet bin, waren (oder sind) von ungewöhnlich sympatischem Äußeren, freundlich, aufmerksam und echt rücksichtsvoll gegenüber ihren Mitmenschen. Ein ungewöhnlicher Bisexueller, den ich kenne, ist ein sehr reicher Rechtsanwalt. Wenn man ihn nicht näher kennt, würde man nie im Entferntesten auf den Gedanken kommen, daß er bisexuell ist. Er strahlt sehr großen männlichen Charme und eine feine professionelle Intensität aus!

Schließlich möchte ich ganz klar sagen, daß ein Bisexueller ebenso wie ein Homosexueller oder eine Lesbierin oder ein Heterosexueller einfach nur einen sexuellen Appetit hat oder eine bestimmte Art von Sexualität bevorzugt. Ansonsten ist er oder sie genau wie du oder ich oder sonst ein wunderschönes menschliches Wesen auf der Erde!

Kapitel 19

# Phantasieliebe oder wahre Liebe

In Romanen, Filmen, Schlagern, in Dichtung und Kunst werden uns schillernde und verführerische Bilder phantastischer Geliebter vor Augen geführt! Gibt es diese Phantasiewesen wirklich?

Die Geliebten unserer Phantasie sind tatsächlich mehr als nur ein Mythos. Sie haben eine echte Grundlage in der physischen Realität. Was immer du dir vorstellen kannst, gibt es auch! Unsere Vorstellungskraft kann uns öffnen und alle erdenklichen Arten menschlicher Erlebnisse für uns erschaffen. Ohne Phantasie wäre das Leben unglaublich langweilig. Danke Gott für unsere Phantasie!

Wenn du Kinder hast oder bekommen möchtest, dann fördere ihre Phantasie. Sie wird ihnen immer ein unschätzbares Geschenk sein, ein wahrlich grenzenloses schöpferisches Werkzeug, das sie ihr Leben lang zu ihrer Freude benutzen können!

Wenn du deine Phantasie richtig einsetzt, kannst du den idealsten Mann oder die idealste Frau, die du dir überhaupt nur vorstellen oder „erträumen" kannst, körperlich an deine Türe bringen! Ich *weiß* es, denn ich habe es ausprobiert!

Als ich zum ersten Mal etwas über die Kraft der *Autosuggestion* lernte, erfuhr ich verblüfft, daß der Autor des Buches, das ich las, seine Autosuggestionskraft dazu benutzt hatte, um einen großen braunen Bären zu erschaffen. Er fühlte tatsächlich seinen dicken Pelz! Es war ein verspielter Bär, der gern mit dem Autoren, seinem geistigen „Schöpfer", herumtollte.

Der Autor beschrieb, daß seine konzentrierte Kraft der Autosuggestion dem Bären tatsächlich so viel dreidimensionales Leben eingeflößt hatte, daß dieser spontan auftauchte und Tag und Nacht zu den unpassendsten Zeiten seine Aufmerksamkeit forderte. Beispielsweise war er bei einer Party in ein ernstes Gespräch mit jemandem vertieft, als plötzlich der Bär auftauchte und sich mit ihm balgen wollte.

*Der Bär war für den Gastgeber und die Partygäste nicht zu sehen,* für ihn war er jedoch ganz und gar real! Mitten im Gespräch mit dem Gastgeber oder einem anderen Gast torkelte er plötzlich vornüber oder machte einen Satz nach hinten und fuchtelte in dem verzweifelten Versuch, den spielenden Bären abzuwehren, wild in der Luft herum! Natürlich war dem erschrockenen Gastgeber und den verblüfften Gästen nicht leicht zu erklären, wieso er plötzlich wild umhertanzte, hopste, torkelte und sich auf dem Boden rollte. Ich sah beim Lesen diese komische Szene vor meinem inneren Auge ablaufen und brüllte vor Lachen.

Der Autor erzählte, wie sein liebenswerter brauner Phantasiebär so wirklich und zu einem solch unerwarteten Ärgernis wurde, daß er sich schließlich hinsetzte und ihn wieder aus seinem Leben weg suggerierte.

Er machte mir die Sache sehr klar. *Wir können unseren Phantasien tatsächlich dreidimensionales Leben einflößen!* Dieser brilliante Mensch hatte sich erfolgreich einen Bären *in* sein Leben halluziniert. Als er ihm zum Problem wurde, hatte er ihn erfolgreich wieder *hinaus*halluziniert.

Während ich das las und als belustigter Zuschauer vor meinem inneren Auge nacherlebte, lachte ich laut und gluckste vor Vergnügen. Plötzlich kam mir jedoch eine phantastische Idee!

Ich wußte plötzlich, daß ich mir ganz gewiß keinen entnervenden Bären in mein Leben suggerieren würde. Aber was der Autor konnte, konnte ich auch! Nur würde ich mir eine nackte, schöne und ungeheuer aufregende Geliebte in mein Leben suggerieren! Ich wußte genau, was ich wollte! Sie sollte plötzlich mitten in der

Nacht auftauchen, ganz nackt, in meine Arme schmelzen und nur voller Glut hauchen: „Hier bin ich“ (mehr nicht)!

Dann würden wir uns eng umschlingen und eine ungeheuer heiße lange Liebesnacht verbringen!

Jung, lüstern und sehr männlich, wie ich war, fand ich diese derbe Vorstellung ungeheuer erregend. Ich wußte, ich würde es schaffen!

An diesem Abend brachte ich vor dem Schlafengehen, entsprechend den Anweisungen des Autors, meinen Körper in einen halb wachen, halb schlafenden Zustand. Dann gab ich mir die emotional sehr geladene Autosuggestion, daß diese nackte, aufregende Phantasiefrau sich irgendwann in der Nacht körperlich vor mir materialisieren würde – genau wie der braune Bär.

Meine Suggestion lautete, daß irgendein natürliches Geräusch mich wecken würde, und dann würde ich diese nackte und verführerische Frau in meinem Bett haben. Sie würde die Arme nach mir ausstrecken und mit einem sexy Lächeln sagen: *„Hier bin ich!“*

In der ersten Nacht geschah überhaupt nichts. Ich wußte jedoch, daß es eine Sache der Ausdauer war und Zeit brauchte. Ich wußte, daß wiederholte Autosuggestionen allmählich in das Unterbewußtsein einsinken, besonders wenn man nicht aufgibt.

Wie alle meine Freunde wissen, ist sture Hartnäckigkeit ein auffallender Charakterzug an mir! Ich kann sehr schwer etwas aufgeben, wenn ich weiß, daß es möglich ist!

Am nächsten Abend vor dem Einschlafen wiederholte ich mir meine Autosuggestion immer wieder, aber am Morgen erwachte ich ohne jeden Hinweis auf eine Materialisierung meiner Phantasiegeliebten.

Aller guten Dinge sind drei, wie das Sprichwort sagt! So war es auch für mich! In der dritten Nacht, nach einer langen und energischen Wiederholung der Autosuggestion, wachte ich plötzlich auf. Ich hörte ein leises Geräusch: *„Tick!“*

Da war sie! In all ihrer nackten Herrlichkeit! Sie kniete mit weit offenen Armen vor mir; ein charmantes und unwiderstehlich verführerisches Lächeln erhellte ihr schönes, errötetes Gesicht.

*„Hier bin ich!"* sagte sie.

Ich sagte gar nichts, sondern ließ mich sinnlich in ihre nackte, warme Umarmung sinken! Ich schlafe nie in Kleidern und schmolz daher einfach in ihre Arme – und die ganze Nacht hindurch „liebten wir uns" lustvoll, glühend, süß und leidenschaftlich!

In den frühen Morgenstunden wurde ich schließlich müde. Ich gab meiner Phantasiegeliebten einen letzten Kuß und schlief selig ein. Meine letzte Erinnerung waren unsere beiden nackten Körper, noch süß und sinnlich umschlungen wie alle Liebenden nach einer leidenschaftlichen Liebesnacht, und wie ich danach süß und selig einschlief...

Als ich am Morgen erwachte, war sie verschwunden. Den ganzen nächsten Tag hindurch erlebte ich diese leidenschaftliche Nacht in meiner Phantasie immer wieder. Mein ganzer Körper sang und kribbelte noch von dieser warmen und angenehmen Erinnerung.

Was mich verblüffte, war, daß diese selbstsuggerierte, leidenschaftliche Orgie mit meiner Phantasiegeliebten eine ebenso „körperliche" Empfindung in jedem Teil meines Körpers hervorrief, die genauso „wirklich" war wie jede andere sexuelle Betätigung, die ich in meinem Leben je erlebt hatte! Was für eine Nacht! Was für ein Sturm! Was für ein unvergeßliches Erlebnis! *Phantasien können wahr werden!*

Es gibt für uns alle so viele Ebenen und Grade von Phantasiegeliebten. Meine eigene höchste und sehr, sehr wirkliche Phantasiegeliebte erschien schließlich in der wunderschönen und tatsächlich existierenden Form meiner Seelenpartnerin *Maria* in meinem Leben.

Unser gemeinsames Leben ist jetzt eine sich ständig entfaltende reiche irdische und himmlische Phantasie. Unsere kühnsten Träume werden ständig wahr!

Du kannst gewiß sein, daß dein(e) eigene(r) anbetungswürdige(r) Phantasiegeliebte(r) dir jetzt ebenso nahe ist wie dein eigenes Denken und dein *Geist*! Du brauchst nur zu lernen, dich auf ihn oder sie zu konzentrieren und ihn oder sie in deinem Leben zu materialisieren!

So sei es!

Kapitel 20

# Freude zieht Liebe an

Freude zieht immer Liebe an. Wenn Körper und Geist von natürlicher Lebensfreude erfüllt sind, bist du wie ein starker Magnet! Du ziehst immer mehr Freude an und als Folge davon auch mehr Liebe!

Freude ist die höchste Schwingungsfrequenz, die ein Mensch erschaffen kann. Freude vereint. Freude heilt den ganzen Körper wie sonst keine Empfindungsschwingung.

Freude kommt direkt an dem Punkt in das menschliche Bewußtsein herein, wo deine physische Körpermasse und deine spirituelle Masse zu einem vereinten Feld zusammenkommen! Es ist die erste dreidimensionale Schicht oder dein erster elektrischer „Hautmantel"! Freude ist die höchste Schwingung, die dein physischer Körper je kennen oder verzeichnen wird. Freude ist eine unterbewertete oder subtile, aber dennoch die mächtigste Schicht oder der *natürliche* „Ton" deines physischen Körpers.

Freude läßt sich auch durch die folgende Analogie verstehen, die ich hier durch deine Hauptgefühlszustände ausdrücken möchte. Die allerhöchste Ebene des Körpergefühls oder des reinen *Geistes* ist *Seligkeit!* Auf der nächsthöchsten Körperebene, der reinen *Seele,* ist *Freude.* Auf der nächsthöchsten Körperebene, der reinen *Persönlichkeit* – Glück. Glück führt also aufwärts zu Freude und dann zu Seligkeit. Schiere Glückseligkeit im Menschen ist recht selten – und wenn wir sie erreichen, dann ist sie meist ein flüchtiger Zustand.

Nur wenn du deine höchste spirituelle Identität wirklich und voll kennst, lebst du dein tägliches Leben in Glückseligkeit. Dann pulsieren alle Atome und Zellen deines Körpers gleichzeitig, als eine vollständige und wissenden Wesenheit! Dies ist die wahre „Auferstehung deines Körpers“! Du, ich, dein Seelenpartner und jeder andere Mensch werden alle irgendwann diesen Zustand erreichen!

Ein Gefühl der Freude kannst du nur durch dein Sonnengeflecht oder *viertes Gehirn* selbst erzeugen. Die grauen Zellen in deinem Sonnengeflecht sind erschaffen worden, um die Schwingung der Freude in deinem Körper/Bewußtsein auszufiltern und zu ermöglichen.

Freude heilt die Zellen und Organe deines Körpers. Freude bewirkt, daß du dich körperlich und seelisch gesund und heil fühlst.

Du kannst beobachten, daß Menschen vor Kranken zurückschrecken. Sie wollen nicht von den Zipperlein der anderen hören oder damit belastet werden. Zu frohen, vitalen, dynamischen und gesunden Menschen hingegen fühlt sich jeder hingezogen. Deine Freude bringt dir also einen Zuwachs an körperlicher, emotionaler und geistiger Gesundheit – die dann die Liebe der anderen anzieht. Deine Freude weckt in ihnen den Wunsch, in deiner frohen Gegenwart zu *baden*!

Deine Freude zieht aber nicht nur die Liebe der anderen an, sie ist auch „ansteckend“. Wenn andere in dein Energiefeld der Freude gezogen werden, dann geht der Samen der Freude auch in ihnen auf. Freude bringt es immer fertig, sich zu vervielfältigen!

Denk darüber nach. Deine Freude ist für die anderen Menschen in deinem Leben ein kostbares Geschenk. Es bringt sie mit ihrer eigenen Freude in Berührung. Jeder, der die Freude empfängt, gibt sie weiter – in einer endlosen Spirale von immer weiteren freudig erhobenen Menschen.

Freude ist die physische Schwingungsfrequenz, die dem Licht am nächsten kommt. Sie ist wie ein Licht, das plötzlich in einer riesigen dunklen Leere entzündet wird. Alle Augen und alle Formen des Bewußtseins in seiner Reichweite wenden sich diesem Licht zu und konzentrieren sich darauf. Gleichzeitig wird jeder, der sich dieses (schwachen oder strahlenden) Lichtes in der Leere jetzt bewußt ist, davon angezogen *und bewegt sich darauf zu!*

Du siehst durch diesen Vergleich sicherlich, wie Freude immer Freude anzieht und zu dem Wunsch führt, der freudigen Liebe nahe zu sein. *Nähe* ist in sich selbst ein starker Ausdruck der Liebe; es „sagt etwas aus", wenn du jemandem körperlich nahe bist. *Freude ist also hervorragend geeignet, deinen Seelenpartner oder deine Seelenpartnerin körperlich in deine Nähe zu ziehen.*

Von einem anderen Standpunkt aus betrachtet *öffnet* Freude dich immer für andere – ebenso wie Kummer dich vor ihnen verschließt. Die ganze Natur eilt herbei, um eine Öffnung oder ein Vakuum zu füllen. Daher ist es nur natürlich, daß jeder, der deine Freude wahrnimmt, den Wunsch verspürt, in deinen Raum einzutauchen!

*Freu dich!*

Kapitel 21

# Das heilige Geschenk seiner selbst

Gelegentlich kommt es vor, daß wir einem Menschen begegnen, der mit ungeteilter Aufmerksamkeit jedem unserer Worte lauscht – der echt daran interessiert ist, was wir ihm mitteilen wollen. Solche Menschen sind in der Tat selten; sie haben die große Kunst gelernt, in aller Stille *sich selbst zu schenken.*

Wir nehmen es sehr wahrscheinlich als selbstverständlich hin und bemerken das kostbare Geschenk gar nicht, das uns da gemacht wird. Aber auch wenn wir das ungewöhnliche Geschenk dieses Menschen gar nicht bemerken, fragen wir uns vielleicht, was es ist, das diesen Menschen so anders und besonders macht? Woher hat er oder sie diese stille, zulassende Geduld? Wie kann er solch echte Achtung für den, der vor ihm steht, zum Ausdruck bringen? Was hat er gelernt, das wir nicht können?

Es gibt viele Gründe, warum ein Mensch seine eigene rastlose elektrische Natur meistern und für Freund oder Fremden ein aufmerksamer und geduldiger Zuhörer werden kann.

Es kann ein biologischer Zug sein, der in seinen Genen angelegt ist. Vielleicht besaß aber auch jemand, den er oder sie zutiefst bewunderte, diese Eigenschaft. Jeder dieser Faktoren kann zu der hervorragenden Fähigkeit dieses ungewöhnlichen Menschen geführt haben, sich selbst zu geben, wenn er mit anderen zu tun hat.

Wenn es keine solchen Faktoren gab, dann ist dies etwas, was über Jahre hinweg zur Meisterschaft entwickelt werden muß! Die Wesenheit kann diesen Zug auch schon in mehreren aufeinanderfolgenden Inkarnationen entwickelt haben – und sie so schon früh im Leben als persönliche Eigenart zur Verfügung haben.

Die Botschaft, die ein Mensch übermittelt, wenn er auf irgendeine Weise sich selbst schenkt, ist: „*Ich liebe dich!*" Er gibt ohne Zögern dem Menschen, der ihn anspricht, etwas von sich selbst. Er erkennt und ehrt auf diese Weise den Gott oder die Göttin in allen, die ihm begegnen.

Das größte Geschenk, das man einem anderen Menschen machen kann, ist nicht Gut und Geld, sondern – Liebe. Und die größte Liebesgabe ist, sich selbst zu verschenken! Die wirklich wahren Liebenden sind die einfachen Menschen, die nicht versuchen, Eindruck auf jemanden zu machen, sondern die dich ganz still einfach du selbst sein lassen. Sie sehen ganz offensichtlich deine Göttlichkeit und spiegeln sie dir zurück.

Wenn du das tiefe Bedürfnis spürst, von jemandem geliebt zu werden, dann ist dein erster Schritt zu dieser Erfüllung, jemand anderem wahre Liebe auszudrücken – indem du ihm deine Aufmerksamkeit schenkst. Schau tief in den Menschen hinein, sieh seine Einzigartigkeit und das strahlende Licht seines inneren göttlichen Funkens. Ehre und achte ihn, indem du ihm deine Zeit und deine ganze Aufmerksamkeit schenkst.

So viele von uns sind, wenn sie mit jemandem sprechen, in Gedanken mit ganz anderen Dingen beschäftigt. Selbst unsere Körpersprache drückt aus, daß wir schon „auf dem Sprung" zu weiteren Begegnungen sind, so daß nur ein kleiner Bruchteil unseres Bewußtseins in diesem Augenblick der Gegenwart anwesend ist. Wir haben nie gelernt, uns anderen voll zu schenken! Wir sind sehr selten jemals wirklich intim mit jemandem, das heißt, nah und vertraut. Wir sind so damit beschäftigt, außen herumzurennen, daß wir unsere innere Selbstherrschaft vergessen haben und wie wunderbar ein warmer, friedlicher Augenblick ruhiger Stille ist.

Jeder von uns hat das tiefe Verlangen, sich anderen mitzuteilen. Das ist eines unserer grundlegendsten menschlichen Bedürfnisse. Mache das nächste Mal, wenn du diesen Drang verspürst, jedem reichen Augenblick, allem, was geschieht, das süße Geschenk deiner selbst – und auch jedem großen menschlichen Geist, dem du begegnest.

Dies ist wahrlich *das heilige Geschenk deiner selbst!*

Kapitel 22

# Die Freude einer Seelenpartnerbeziehung

Wenn du wirklich wissen möchtest, wie es ist, eine Beziehung mit deinem Seelenpartner zu haben, dann frag jemanden, der eine hat! Ich zum Beispiel kann dir aus erster Hand davon berichten.

Ich bin in diesem Augenblick und schon seit Jahren mit meiner Seelenpartnerin, in jedem Sinne des Wortes, verheiratet. Sie hörte meinen Ruf und kam von weither aus Europa angereist, um sich mit mir zu verbinden! Wir haben auch einen wunderbaren und vielgeliebten fünfjährigen Sohn mit Namen John-Matthew, der für uns ein „Geschenk der Götter“ ist!

Seelenpartner in menschlicher Form sind Menschen – also begegnen ihnen alle die dramatischen und bunten Lektionen, die wir brauchen, um auf diesem Planeten zur vollen Selbstverwirklichung zu gelangen. Es gibt jedoch einen wichtigen Unterschied zwischen Seelenpartnern und „gewöhnlichen“ Ehe- oder Liebespaaren. Eine Beziehung zwischen Seelenpartnern beruht auf Freiheit; sie ist nicht besitzergreifend, sondern läßt den anderen sein und schenkt, wann immer möglich, großzügig von sich selbst.

Die Liebe in einer echten Seelenpartnerbeziehung engt den Partner in keinster Weise ein. Jeder der Partner hat die Freiheit und wird darin unterstützt, zu tun, was „seines“ ist. Die Verbindung kommt aus der reinen Liebe, die die Göttlichkeit im anderen erkennt.

Berühren, Fühlen und Sexualität sind für beide in Körper und Geist glückselig und außerordentlich erfüllend. Ganz du selbst zu sein und in der Nähe mit deinem Partner in aller Tiefe ausdrücken zu können, wer und was du bist, ohne Ablehnung zu befürchten, ist ein unaussprechlich gutes Gefühl. In einer Seelenpartnerbeziehung spiegelt dir dein Partner deine Vorlieben und Abneigungen. Er oder sie schwingt auf derselben Wellenlänge wie du, deshalb herrscht ein wunderbar harmonisches Fließen zwischen euch.

Wenn du mit deiner Seelenpartnerin oder deinem Seelenpartner spazierengehst und ihr euch an den Händen haltet, dann ist es, als gingest du Hand in Hand mit dem Universum. Ihr seht, fühlt und teilt all die Schönheit und Großartigkeit der Natur in einem transzendenten Licht und einem aurischen Fließen.

Seelenpartnern erscheint nichts unmöglich, denn sie fühlen sich nicht nur in sich selbst vollkommen sicher, sondern haben auch den Trost, die Kraft und die ständige Unterstützung eines liebenden Partners zur Seite, die sie auf ihrem Weg zum Ziel voranbringt. Jeder der Partner entscheidet dabei völlig frei über seinen eigenen Lebensweg. Die Freude, deine Seelenpartnerin oder deinen Seelenpartner in den Armen zu halten, ist göttliche Glückseligkeit! Eine Beziehung zwischen Seelenpartnern hat von Natur aus eine himmlische Aura um sich. Seelenpartner begegnen einander in der Tiefe ihres Seins – und dies ist das Band, der Punkt der Verschmelzung zwischen ihnen, der für alle Ewigkeit verzeichnet ist und empfunden wird. Wir prägen unseren Atomen oder unserem physischen Wesen nur dann unser einzigartiges Zeichen ein, wenn der Kontakt große spirituelle Kraft enthält. Wenn du dich oder einen anderen Menschen sehr liebst, dann wird dieses Gefühl für immer in deine atomare oder subatomare Struktur eingeprägt – es wird in deiner *Seele* und den *flüchtigen Gasen* („Akasha-Chronik" genannt) festgelegt.

Der Schlüsselton, die vorherrschende Note, die ich in jeder Seelenpartnerbeziehung bemerkt habe, ist *Freude!* Freude geht über die Körpermasse hinaus – sie erhebt und belebt deinen Körper, sie läßt ihn auferstehen! Die wahre *Auferstehung* des menschlichen

Körpers muß immer aus der Schwingung kommen, die wir als Freude kennen oder erzeugen. Seelenpartner strahlen Freude aus! Sie sehen zusammen gut aus! Sie *sind* zusammen gut!

Wenn auf deiner Wunschliste eine Beziehung mit deinem Seelenpartner ganz obenan steht, dann *mach dich ans Werk! Folge deinem Geist ohne Zögern!* Schenke dir die Freude einer sublimen, göttlichen Beziehung mit deinem Seelenpartner oder deiner Seelenpartnerin! Mach dir klar, daß du es verdienst!

Kapitel 23

# Was andere können, kannst du auch

Denk einmal nach! Obwohl wir inzwischen sechs Milliarden oder mehr Männer und Frauen auf der Erde sind (die jetzt in einem menschlichen Körper verkörpert sind), ist es lächerlich, aber wahr, daß Millionen und Abermillionen noch nicht einmal eine(n) biologische(n) Geliebte(n) haben!

Andererseits *haben* auch viele, viele Millionen Frauen und Männer eine(n) Geliebte(n), und manche haben mehrere. Ein winziger Prozentsatz hat einen ganzen „Harem" von Geliebten. Wie gibt es das, daß auf der Erde solch ein merkwürdiges sexuelles Ungleichgewicht herrscht? Es liegt an der *Biologie*!

Viele Männer und Frauen besitzen nicht die biologische Anziehungskraft, um einen liebenden Partner anzuziehen. Das Geheimnis dieses Mangels an Libido liegt in ihrer DNS und ihren Genen. Diese einsamen Männer und Frauen, die scheinbar *niemand liebt*, haben bei ihrer Geburt eine genetische Linie von Vorfahren gewählt, die keinen leidenschaftlichen sexuellen Appetit hatten oder sich selbst nicht liebten. Ein solcher Mangel an Liebe und Leidenschaft läßt sie einfach keine ausreichend starke elektrische Ladung in ihrer Zell- oder Molekularstruktur aufbauen, um Geliebte anzuziehen.

Vielleicht fragst du dich, da wir Lichtwesen oder Teile *Gottes* doch unser eigenes Schicksal wählen, wie irgendein Gott sich für eine so merkwürdige und begrenzte Genkonfiguration entscheiden kann?

Es gibt viele Gründe, warum ein sich verkörpernder Geist sich für einen Mangel an Lust oder andere genetische „Mängel" entscheiden kann. Das Gott-Selbst möchte vielleicht eine bestimmte

Lektion lernen oder sich eine Gelegenheit schaffen, um sein Defizit zu überwinden. Ein Gott, der sich mit einer solchen Behinderung verkörpert, muß sehr auf seine „Mission“ konzentriert bleiben, ohne von Nebenstraßen oder männlich/weiblichen Verstrickungen abgelenkt zu werden! Es mag auch sein, daß es beim „Zusammentreffen von Zeit und Raum“ seiner Geburt nicht genügend Möglichkeiten für einen Eintritt in bessere genetische Gegebenheiten (das erwünschte Ideal) gab und er sich deshalb mit einer weniger als idealen genetischen Linie begnügt hat!

Wenn sich das Gott-Selbst jedoch einmal in die Zelle eingenistet und zu einer neuen biologischen Verkörperung verpflichtet hat, dann muß es ein Leben lang mit diesen Begrenzungen in dem genetischen Muster, das es bewohnt, fertig werden – *oder über den Körper hinauswachsen und sie überwinden. Helen Keller* war dafür ein gutes Beispiel!

Dennoch braucht niemand zu verzweifeln. Wenn du im Augenblick niemanden zum Lieben hast oder von niemandem geliebt wirst, dann kannst du immer noch jemanden finden. Allerdings können dafür größere Veränderungen deiner Weltsicht und deiner Ansichten über deinen Körper erforderlich sein. *Wenn du mit absoluter Sicherheit weißt, daß du größer bist als dein Körper,* dann setzt diese mächtige elektrische Ladung ein, die du brauchst, um einen Geliebten oder eine Geliebte anzuziehen.

Deine Weltsicht zu ändern heißt, daß du lernen mußt, dich selbst zu lieben und *bewußt* mehr Freude in deinem täglichen Leben zu erzeugen. Wenn deine Liebe zu dir selbst und deine Lebensfreude eine bestimmte *kritische Masse* erreicht haben, dann bist du genügend aufgeladen und wirst mit Sicherheit einen männlichen oder weiblichen Seelenpartner von gleicher Schwingungsfrequenz zum Lieben herbeiziehen.

Das Leben ist eine niemals endende Entdeckungsreise, und auf deiner Reise hast du vielleicht bereits bemerkt, daß manche

Menschen unendlich viele Freunde und Geliebte zu haben scheinen. Du hast scheinbar ganz „normale“ Leute gesehen, die dennoch irgend etwas an sich hatten, was andere anzog. Wenn du das mit unserem vorigen Bild von den vielen vergleichst, die nicht einen einzigen Freund oder Geliebten finden können, der zu ihnen paßt, dann fragst du dich, wieso es so große Unterschiede gibt zwischen denen, die vor Magnetismus überströmen und anderen, die scheinbar nur abstoßend wirken. Warum haben so viele eine Geliebte oder einen Freund, „wenn sie nur mit dem Finger schnippen“, und ihre einsamen Gegenstücke haben niemanden?

Die glücklichen Seelen mit vielen Freunden und Lieben haben für gewöhnlich starke genetische Unterstützung. Die DNS ist solcherart ausgerichtet, daß sie mit sexueller Anziehungskraft oder einer natürlichen Tendenz zum freundlichen Zusammenkommen mit anderen aufgeladen ist. Freunde und Geliebte anzuziehen ist daher beinahe mühelos für sie. Ihre Gene strahlen ständig starke Wellen der Anziehung auf alle aus, die ihnen nahe kommen. Das ist die biologische *Ursache* ihrer natürlichen Wärme und eines Lebensstils voller Freunde. Die meisten Leute möchten gern ihr warmes, angenehmes Energiefeld berühren und fühlen und darin baden.

Ein einsamer und unterdrückter Mensch ruft genau die gegenteilige Reaktion hervor. Die Leute wollen einfach nicht um ihn sein. Das Energiefeld eines solchen Menschen ist dunkel, nicht hell! Er oder sie sendet Wellen der Abstoßung aus, nicht der Anziehung!

Seine oder ihre „Signale“ verkünden der Welt öffentlich, daß hier ein Mensch mit wenig Eigenliebe ist, der sich unattraktiv findet. Dieses starke Gefühl der Selbstablehnung spürt fast jeder und vermeidet einfach, mit diesem Menschen zu tun zu haben. Man fühlt sich ganz natürlich von dem angezogen, was anziehend ist – und nicht von Abstoßendem!

Dieses *Prinzip der Anziehung und Abstoßung,* das erste und grundlegendste Prinzip, wurde unauslöschlich in unser spirituelles Sein eingeprägt und eingebettet, als wir uns aus unserem „Nichts" zu „Etwas" „individualisierten".

Jede einzelne Lektion, der wir in unserem Leben begegnen, ist im Rahmen dieser scheinbaren universalen Dualität enthalten. Alle „Gegensatzpaare" entstehen aus diesem grundlegenden kosmischen Lebensprinzip des Menschen: Anziehung oder Abstoßung.

Die *Lektion,* die letztlich jeder von uns lernen muß, ist allerdings, daß das Gute und das Böse, das wir unterstützen oder gegen das wir kämpfen, nur eine Illusion ist. Echte Selbstrealität geht über die menschlichen Haltungen von „für" und „wider" hinaus. Unter oder hinter dieser großartigen holographischen „Lichterschau" sind wir alle heilig, ein „heiles Ich". Wir sind nicht zerrissen, zersplittert, getrennt, dualistisch oder in irgendwelchen anderen körperlichen, mentalen und emotionalen „*Unwirklichkeiten*" gefangen!

Wenn dir im Augenblick Freunde und Geliebte fehlen, dann wirst du hoffentlich, bevor du dieses Buch zu Ende gelesen hast, wissen, wie du es ändern kannst. Du wirst dann viele Geliebte, viele Freunde und sogar deinen Seelenpartner oder deine Seelenpartnerin in dein jetzt sinnvolles und wertvolles Leben ziehen! *Tu es! Das Universum arrangiert sich immer so, daß es jedem Bild, das du von der Wirklichkeit hast, entspricht!*

In Kapitel 27 kannst du mehr darüber lesen, wie andere es geschafft haben.

Kapitel 24

# Bist du bereit für deinen Seelenpartner?

Je mehr du liebst, desto mehr – und desto länger – lebst du. In jedem Augenblick können wir uns entscheiden, und zwar entweder für das Leben oder für den Tod! Wir sind alle Götter, die vorübergehend in einer menschlichen Form wohnen, und haben hauptsächlich zwei Ziele:

1. Die *Involution*: in unseren Körper hineinzugehen und ihn zu lieben und durch eine geistige Ausrichtung zu erheben, und

2. die *Evolution*: durch Liebe unseren individuellen menschlichen Körper wieder mit uns in reines spirituelles Sein zurückzutransformieren und auf diese Weise aufzusteigen und *frei* zu werden!

Jedes Mal, wenn wir uns ablehnen und das, was wir tun, hassen oder verleugnen, bewegen wir uns in Richtung *Tod*! Jedes Mal hingegen, wenn wir uns und unser Tun lieben oder *annehmen,* tun wir einen Schritt zum *Leben* hin!

Uns selbst mehr zu lieben, bedeutet, uns mehr Leben zu schenken! Die Lektionen und Regeln für unsere göttliche menschliche Existenz könnten gar nicht einfacher sein. Sie sind jederzeit leicht zu verstehen und auszuführen. Wenn wir den Gott in uns finden und ehren, ist es leicht, den Gott in anderen zu finden und zu ehren!

## Im Augenblick leben

Ein weiterer wichtiger Schlüssel für ein erfülltes und freudiges Leben auf der Erde ist, *im Augenblick zu leben!* Wenn du mit deinen Gedanken und Gefühlen in der Vergangenheit lebst – oder mit Zukunftsplänen beschäftigt bist, dann hast du deinen Körper verlassen. Du hast dich unversehens dafür entschieden, all diese kostbaren Augenblicke der *Wirklichkeit* in diesem *jetzigen* Augenblick in deinem Körper nicht anzunehmen! Die einzige wirklich lebendige Wirklichkeit ist *jetzt.* Sie ist nicht in der Vergangenheit zu finden, die tot und vorbei ist, noch in der Zukunft, die du noch nicht kennst. Sowohl deine Vergangenheit wie auch deine Zukunft sind nicht faßbar und unwirklich.

## Zeit

Die Zeit ist von jeher unser schlimmster Feind! Es gibt sie nicht so, wie wir uns das vorstellen. Nur JETZT ist real, lebendig und greifbar. Dieser jetzige Augenblick wird aus der scheinbaren Vergangenheit geboren. Die scheinbare Zukunft entfaltet sich aus deinen Entscheidungen in diesem Augenblick des J*etzt*!

Denk einmal darüber nach! Selbst wenn es dir gelänge, scheinbar in die Zukunft oder in die Vergangenheit zu reisen – was wäre dann? Rate mal! Du stündest noch immer im Hier und Jetzt und würdest die Dinge aus deiner *jetzigen* Perspektive betrachten!

Ganz gleich, wie krampfhaft du dich bemühst, dem Augenblick der Gegenwart zu entkommen, du kannst es nicht und auch sonst niemand. Alle Untersuchungen und Forschungen, die wir selbst oder die Wissenschaftler über die Zeit anstellen, können, wie sie und wir sehr wohl wissen, aus dem *Jetzt* weder rückwärts noch vorwärts gehen. Sie können nur *jetzt* stattfinden! Alles Leben hat immer im *Jetzt* stattgefunden, und so ist es jetzt und wird es immer sein!

Paradoxerweise bedeutet das jedoch nicht, daß unsere Zeit nicht zu Ende gehen kann. Wenn deine Zeit zu Ende geht oder du ihr enfliehst, dann bedeutet das den Austritt aus deiner körperlichen Existenz. Das Ende deiner Zeit ist nicht dein Tod. Du stirbst nicht. Es bedeutet nur, daß die gewählten oder dir zugedachten „Momente" des *Jetzt* in deinem Körpergefährt zu Ende sind. Es ist eine Abkoppelung von Raum und Zeit!

Das erklärt, warum man bei einer Nahtoderfahrung das ganze Leben noch einmal blitzartig vor sich aufleuchten sieht. Ich habe diese wunderbare Erfahrung in meiner Jugend gemacht. Im Bruchteil eines Augenblicks lief jeder Gedanke, jedes Gefühl und alles, was ich in meinem Leben getan hatte, an meinem Bewußtsein vorüber! Achtzehn aktive Jahre auf der Erde sausten an mir vorbei, und doch hatte ich in diesem Sekundenbruchteil jede Menge sogenannter „Zeit", um mir jedes einzelne gedanken- oder gefühlvolle Ereignis dieser achtzehn Jahre anzusehen und darüber nachzusinnen. Ich prüfte alles und bewertete es als entweder „gute" oder „schlechte" Entscheidung. *Mein innerer Gott fällte das Urteil, nicht GOTT!*

Zusätzlich zu diesem blitzartigen Rückblick über *alle* 18 Jahre meines jugendlichen Lebens hier im zwanzigsten Jahrhundert bekam ich einen Einblick in zwei bedeutsame Ereignisse in früheren, sehr wichtigen menschlichen Inkarnationen auf der Erde. Die eine war die eines „geflügelten" Pharao in *Ägypten* vor etwa 3600 Jahren. Die andere (die meinem fragenden Bewußtsein während dieser Rückschau wichtig war) war im alten *Indien* vor über 10 000 Jahren, wo ich ein Gott"papst" war! In diesen beiden verblüffenden kurzen Rückblicken sah ich nur die mir wichtigen Höhepunkte des jeweiligen Lebens.

Interessant war, daß ich mich in allen drei Leben als Versager *einschätzte*! Das war hauptsächlich der Grund dafür, daß ich in meinem gegenwärtigen menschlichen Körper zurück auf die Erde kam, um endlich mit Erfolg die wichtige *„Aufgabe“* zu erfüllen, die ich mir gestellt hatte.

Nach dieser „Todeserfahrung“ wußte ich mit Sicherheit, daß *Inkarnation* und *Reinkarnation* unseres Geistes *in einen menschlichen Körper eine Tatsache* ist, keine Theorie!

Ich habe diese lebhaft erfahrene innere Reise durch die TODESZONE in einem meiner früher veröffentlichten Bücher ($UCCE$$ FORMULA) beschrieben, das jetzt vergriffen ist. In einem späteren Buch mit dem Titel LEBEN IN DER ZONE DES TODES werde ich noch einmal darüber berichten.

Ich habe aus meinen eigenen Erfahrungen im Leben und im Tode gelernt, wie unendlich wichtig es ist, mich selbst zu lieben. Inzwischen habe ich es mir zur Gewohnheit werden lassen, mir selbst sehr viel Liebe zu schenken, und anderen ebenso.

Man kann andere nicht lieben, wenn man sich selbst nicht wirklich liebt!

Lebe im Jetzt! Wenn du irgendeine dieser kostbaren Entscheidungen im Jetzt deines Lebens vernachlässigst, verpaßt oder dummerweise jemand oder etwas anderem überläßt, ob das nun ein(e) Geliebte(r), eine Religion oder sonst jemand oder etwas anderes als du selbst bist – dann hast du dich dieses Teils deines Lebens beraubt!

Lebe deine eigenen süßen Regenbogenfäden des menschlichen Seins, und webe deinen eigenen leuchtenden goldenen Weg zurück zu den Sternen!

So sei es!

Sicherlich hast du inzwischen erraten, daß ich tue, was ich kann, um dich zu motivieren, selbst die Verantwortung für dein Leben zu übernehmen, damit du auf deinen Seelenpartner vorbereitet bist.

Du mußt für deinen Seelenpartner bereit sein, sonst wird er oder sie nicht erscheinen!

Schau tief in den Spiegel deines Lebens. Bist du das, was dein Seelenpartner oder deine Seelenpartnerin deines Wissens nach lieben wird? Wenn ja, dann bist du bereit, und er oder sie kann an deiner Seite auftauchen. Wenn nicht, dann mach dich ans Werk! Bring dich in die beste Form, die du dir für einen menschlichen Körper und eine menschliche Seele auf der Erde vorstellen kannst. Es dauert vielleicht ein paar Wochen, ein paar Monate oder sogar ein paar Jahre, aber es ist die Sache wert. Mit der Zeit wirst du alles sein, dessen du fähig bist – in diesem Augenblick unseres ewigen Jetzt. Werde von Tag zu Tag immer besser, immer mehr, und auch dein süßer Tag *kommt...* Du wirst dir und deinem Seelenpartner zeigen, daß du wirklich bereit bist – und dann ist er oder sie plötzlich da!

Kapitel 25

# Der Zauber der Berührung

Liebende Berührung ist nicht nur für uns so unwahrscheinlich wichtig, sondern auch die Tiere *brauchen* sie. Wissenschaftliche Untersuchungen mit Affen haben immer und immer wieder erwiesen, daß Affenbabies, die von ihrer eigenen oder einer adoptierten Mutter in die Arme genommen und gestreichelt werden, zu glücklicheren, gesünderen und sozialeren erwachsenen Affen heranwachsen! Sie werden größer, sind weniger krankheitsanfällig und wenn sie verletzt sind, heilen die Wunden rascher.

Mehrfach durchgeführte Versuche in menschlichen Säuglingsstationen führten zu denselben Ergebnissen. Die Babies, mit denen die Schwestern am meisten schmusten, scherzten und sprachen, weinten weniger und hatten weniger Schwierigkeiten. Der Zauber liebevoller Berührung hat auf Erwachsene zweifellos dieselbe Wirkung wie auf Babies oder Kleinkinder. Bekommst du genug liebevolle Berührung?

Das Schlimme hier in den Vereinigten Staaten, in England und anderen steifen westlichen Kulturen ist, daß man unsinnigerweise leicht des „Kindesmißbrauchs" verdächtigt wird, wenn man liebevoll mit einem Kind schmust. Das beraubt unsere westlichen Kinder und Teenager der wunderbarsten heilenden und ausgleichenden Energie, die sie fühlen und in sich aufnehmen könnten, nämlich der liebenden elterlichen Berührung!

In östlichen Ländern werden die Babies und Kinder bis weit ins Teenageralter hinein geherzt und geküßt – ohne alle sexuellen Untertöne. Die Eltern kennen das aus ihrer eigenen Erfahrung als

Kind und Teenager; es gab ihnen die Sicherheit, daß ihre Eltern sie liebten und schätzten. Deshalb geben sie dieses reiche Erbe (der liebevollen Berührung) an ihre Kinder weiter. Wir Amerikaner wissen einfach nicht, was wir versäumt haben und was jetzt wiederum unsere liebesentwöhnten Kinder vermissen!

Wenn Familien aus dem Osten in die Vereinigten Staaten ziehen, wissen sie natürlich nicht, daß die meisten Mitglieder unserer Gesellschaft höchst entsetzt und mißtrauisch reagieren, wenn Kinder in der Öffentlichkeit umarmt, geküßt oder geknuddelt werden. Eine liebevolle Familie aus dem Osten wurde so auf schreckliche Weise zum Opfer unserer Unwissenheit.

Ich wunderte mich sehr, in einem wohldokumentierten Bericht im Fernsehen von einer pakistanischen Familie zu erfahren, die in eine Stadt in Texas gezogen war. Vater und Mutter arbeiteten fleißig und bauten mit der Zeit ein florierendes Pizzageschäft auf, während sie gleichzeitig zwei hübsche, liebevolle Kinder aufzogen, einen Sohn und eine Tochter. Diese Immigranten hatten die amerikanische Staatsbürgerschaft angenommen und waren in der Gemeinde geachtet und beliebt. Als Moslems praktizierten sie täglich ihre eigenen Riten und Gebräuche.

Eines Tages, als die Familie ein Basketballspiel am Ort besuchte, brach jedoch die Hölle los! Zuschauer, die neben ihnen saßen, beobachteten, wie der liebevolle Vater seine kleine Tochter umarmte, streichelte und küßte. Manche waren völlig entsetzt! In ihrem Unwissen über die östliche Kultur schlossen sie sofort, daß es sich hier nicht nur um einen „dreckigen Kinderschänder" handelte – sondern er hatte auch noch die Kühnheit, „es" in der Öffentlichkeit „zu tun", vor seiner Familie und der ganzen Menge von Zeugen!

Natürlich zeigte ihn einer oder mehrere der Zuschauer an. Bevor die Familie noch wußte, was geschah, war der Vater festgenommen, verhört, von einer Jury *für schuldig befunden* und inhaftiert! Sein

Rechtsanwalt legte später Berufung ein, sammelte Beweise und bewies seine Unschuld, woraufhin er aus dem Gefängnis entlassen wurde.

Die texanische Sozialdienstbehörde hatte jedoch inzwischen die beiden Kinder an sich genommen und von *christlichen* Familien adoptieren lassen! Die Kinder wurden also nicht nur unrechtmäßig ihren Eltern weggenommen (die sehr gläubige Moslems waren), sondern jetzt in einer fremden religiösen Indoktrinierung erzogen! Was für eine traurige und ungerechte Geschichte!

Wir westlichen Eltern müssen noch viel darüber lernen, wie zutiefst wichtig und wertvoll unsere liebevolle, elterliche Berührung für die süßen, unschuldigen Körper unserer Kinder und unserer Lieben ist.

Warum hat Berührung eine so tiefe Wirkung?

Die Antwort liegt teilweise in unserer Haut, denn sie ist das empfindsamste Organ, das wir besitzen, und außerdem das größte. Unsere Haut ist von hochempfindlichen Nerven durchzogen. Wir spüren sogar, wenn eine kleine Fliege, eine Mücke oder ein Floh (Gott bewahre!) darauf landet!

Dieses riesige Netzwerk von Nerven sendet elektrische Signale an jede einzelne Zelle unseres Körpers. Die Botschaft wird genau so empfangen, wie sie ausgesandt wurde, als Schmerz oder Lust. Nicht nur Katzen, Hunde oder Vögel lassen sich gern liebevoll streicheln – auch wir Menschen lieben es sehr, besonders wenn die übermittelte Botschaft eine der Liebe und Wertschätzung ist!

Menschliche Berührung ist ein Segen und sollte ermuntert und nicht verpöhnt oder aus Angst vor sexuellen Untertönen vor unseren Kindern und den Menschen, die wir lieben, zurückgehalten werden.

Wie konnte die westliche Zivilisation, die doch so stolz und voller Hochmut auf ihre Wissenschaft und Raumfahrttechnologie blickt, so weit von der Natur abkommen? Es gibt sicherlich viele Gründe dafür.

Vielleicht haben wir in unserer mechanistischen und materiell eingestellten Gesellschaft viele unserer wichtigen Eigenschaften und menschlichen Werte vergessen und verloren. Menschliche Werte scheinen inzwischen zum Billigsten geworden zu sein, das es auf der Erde gibt! Fast alles, was wir zum Überleben in unserer zunehmend verseuchten Umwelt brauchen, steigt im Wert – bzw. im Preis. Nur die menschlichen Werte sind gesunken.

Der Wert menschlichen Lebens wird verachtet, und wahrer menschlicher Charakter scheint aus der offiziellen westlichen Gesellschaft weggezüchtet worden zu sein. Selbstverantwortung und die Ehre des Wortes eines Mannes oder einer Frau sind verschwunden. Statt dessen sind „Situationsethik" oder „Humanismus" (einen falscheren Namen kann es kaum geben!) Mode. *Alles geht! Der Zweck heiligt die Mittel!*

Was genug ist, ist genug! Es ist höchste Zeit, daß wir, als erwachte und intelligente Götter, auf den Plan treten und laut schreien:"Jetzt reicht's!" Es reicht uns, und es reicht unseren unbezahlbaren Kindern!

Streichle deine Kinder! Fühle sie! Nicht lustvoll, sondern liebevoll! Berühre und fühle deine Frau, deinen Mann, deine(n) Geliebte(n), deine(n) Seelenpartner(in). Berühre sie alle mit einfacher, natürlicher, menschlicher Liebe – dieselbe Art reiner, zärtlicher Liebe, die der pakistanische Vater seiner wunderbaren Tochter schenkte!

Es ist kein Verbechen, jemanden zu berühren! Es ist die wunderbarste natürliche irdische Empfindung, das herrlichste Liebesgefühl, das unser empfindsamer menschlicher Körper kennt, besonders wenn es bedingungslos geschieht. Verschenke deine heilige menschliche Berührung, weil du den anderen liebst, nicht weil du vielleicht etwas dafür bekommst!

Probiere es gleich heute. Streichle dein Kind, berühre es. Laß es sich sicher fühlen, weil es weiß, daß du es wirklich liebst und dir sein Wohlergehen am Herzen liegt! Berühre deinen Mann oder deine Frau oder deinen Seelenpartner. Streichle ihre Hände, seine Arme, ihr Gesicht! Laß sie wissen, wie gern du in ihrer Nähe bist. Dein Seelenpartner möchte dich vielleicht berühren, liebkosen und klar und süß die Botschaft übermitteln, daß er dich liebt!

Berühre deinen eigenen Körper, nicht lüstern, sondern mit grenzenloser Anerkennung dafür, daß er für dich da ist, wenn du ihn brauchst! Lege deinen nahen Freunden die Hand auf den Arm oder die Schulter. Es wird eure Freundschaftsbande stärken!

Es ist bereits wissenschaftlich bewiesen, daß „Massage“ unseren Schleimhaushalt aktiviert und damit hilft, unseren Körper zu reinigen und uns gesund zu erhalten. Eine Massage, ob von einem Experten oder einem Amateur gegeben, hilft unseren körperlichen Muskelstreß und auch unsere mentale Belastung aufzulösen. Ein wirklich guter Masseur „fühlt sich gut an“.

Fang einfach gleich an. Komme in Berührung mit dir und denen, die du liebst. Ich möchte fast wetten, daß selbst der süße kleine Löwenzahn draußen auf der warmen Sommerwiese „Gänsehaut“ kriegt, wenn du ihn liebevoll streichelst und bewunderst!

Kapitel 26

# Laß die Vergangenheit hinter dir

Zwei der schwersten und belastendsten „Päckchen“, die wir alle tagtäglich mit uns herumschleppen, sind unsere *Schuldgefühle* und unser *Nachtrauern.* Sie stammen entweder aus dem gegenwärtigen gesellschaftlichen Bewußtsein oder unserem riesigen Erbgut. Wenden wir uns zunächst dem Faktor des gesellschaftlichen Bewußtseins zu. Die Schwingung menschlicher Schuld ist die älteste und stärkste Schwingung auf der Erde. Schuld wirkt schon vor unserer Geburt durch unsere Gene auf uns ein. Einmal geboren, haben wir in der Form des dunklen, schweren Leichentuchs des gesellschaftlichen Bewußtseins, das unsere Existenz auf diesem Planeten umgibt, damit zu tun. Überdies sind unsere DNS und unsere Gene von Milliarden von Schuld“fädchen“ befrachtet.

## „Du solltest“

Hinzu kommt, daß tagaus, tagein – gewöhnlich von wohlmeinenden, aber höchst unwissenden Eltern, Vormündern oder gesellschaftlichen Beratern – öffentlich an uns „herumgesollt“ wird. Wir werden mit ekelhaften Haufen von „du solltest“-Vorschriften und -Vorschlägen geradezu überhäuft!

Man sollte meinen, derjenige, der an dir „herumsollt“, müßte merken, wie gräßlich das ist, aber sie merken es nicht! Sie machen weiter. Schließlich haben ja auch ihre Eltern, Freunde, lieben Verwandten und Berater, vielleicht sogar auch absolut Fremde oder beste (bestallte!) „Autoritäten“ regelmäßig an ihnen „herumgesollt“!

Irgendwann muß jedoch einmal jemand aufwachen und sagen: *„Mir stinkt das, solle doch an dir selber herum!* Oder: *„Solle doch an jemandem herum, der blöd genug ist, es sich gefallenzulassen – aber laß mich in Ruhe, ich kann das nicht leiden!“*

Selbst wenn man dich danach weiter mit „du solltest“ überhäuft, brauchst du das gräßliche Zeug ja nicht anzunehmen! Ignoriere es einfach, denn du mußt all diesen Vorschriften sowieso den Laufpaß geben! Dann lebe so weiter, *wie du willst!* Wenn du dich entscheidest, dein eigenes süßes Leben zu leben (wie du es dir wünschst), dann kann niemand es noch einmal für dich leben – ganz gleich, wie sehr sie an dir „herumsollen“ wollen.

## „Du könntest“

*Könnte* ist etwas ganz Anderes! „Sollte“ übergeht deine freie Entscheidung, während „könnte“ sie dir läßt. Ehre also alle deine „Könnte“s und wirf die „Sollte“s weg oder achte nicht darauf; so wird dein Leben wieder Spaß machen, und deine Selbstachtung ist wiederhergestellt.

Wenn jemand anfängt, mit endlosen ekligen Strömen von Schuld an dir herumzu“sollen“, dann ignoriere ihn einfach! Schuldgefühle rauben dir den Erfolg, denn du bekommst das Gefühl, daß du hochgesteckte Ziele oder persönliche Ideale nicht verdient hast. Wenn du dich schuldig und unwert fühlst, kannst du dem Erfolg nahekommen oder ihn sogar für ein paar Augenblicke in Händen halten, aber er wird dir wieder entschlüpfen, wenn dein Unbewußtes dir sagt, daß du ihn nicht verdienst.

Zu allen Zeiten sind Schuldgefühle von kirchlichen wie staatlichen Mächten gleichermaßen dazu benutzt worden, die Massen zu beherrschen. Die „Atmosphäre“ der Schuld liegt also schwer über der ganzen Erde – *fast zum Schneiden dick!* Wir sind an jedem Tag unseres Lebens in Schuld begraben und untergetaucht. Sie erstickt uns und läßt keine Selbstliebe und Selbstachtung aufkommen. Statt dessen fördert sie das Bedürfnis, uns selbst zu strafen und abzuwerten.

Schuldgefühle wirken niemals für dich, sondern immer gegen dich. Weise ist der, der diese Lasten hinter sich läßt! Du gehst wie auf Wolken!

## Nachtrauern

Auch *Nachtrauern* wirkt wie ein Schleppanker, den du hinter dir herziehst. Du kannst schauen und erkennen, wo du einer Sache nachtrauerst und sie ebenfalls hinter dir lassen. Jedes Nachtrauern spricht von einer *Lektion deines Lebens, die du nicht gelernt hast.* Es ist eine Lebenserfahrung, die du nicht *annimmst!* Wann wirst du deine Lektionen anerkennen und an dich nehmen?

Diese beiden gewaltigen Unterdrücker und Hindernisse – Schuld und Nachtrauern – verlieren ihre schreckliche Macht über deine *bewußte* körperliche und geistige Existenz, wenn sie diesem neuen Licht des Wissens ausgesetzt werden. Licht vertreibt die Dunkelheit!

Nur wenn du die Ursache oder Quelle deiner falschen Schuldgefühle oder deines falschen Bedauerns erkennst, kannst du sie bewußt außer acht lassen. Mit der Zeit fällt so eine riesige Last von dir ab.

Wenn du weißt, daß sie wertlos sind, werden sie keinen Zugang mehr zu deinem Körper und Bewußtsein finden.

## „Hätte ich doch!“

Deine „Hätte ich doch“s fallen unter dieselbe Kategorie. Es ist sowieso zu spät! Das Leben ist schon weitergegangen... Deine Vergangenheit ist schon gelebt, deiner Seele unauslöschlich eingeprägt. Die weise Lösung ist, den Spieß einfach umzudrehen. Hör auf, all diese bedeutsamen oder unbedeutenden Geschehnisse zu bedauern. Hör auf, sie als „Versagen“ zu betrachten.

Ändere einfach deinen *Blickwinkel.* Sieh deine „Fehler“ als wertvolle Lektionen deines Lebens. Wie du jetzt im Nachhinein ganz klar sehen kannst, sind sie mächtige Lehren. Auf diese Weise verwandelst du jedes dunkle und ärgerliche „Hätte ich doch“ in deine eigene leuchtende „Perle der Weisheit“. Anstatt den rostigen alten Anker an seiner quietschenden Kette hinter dir her zu schleifen, trägst du jetzt eine wunderschöne, lange Perlenkette von Lebenserfahrungen!

Setze oder lege dich einmal hin und grabe all die verschimmelten ekligen alten „Hätte ich doch“s deines Lebens aus. *Sieh sie dir an, nimm sie in den Arm und lösche sie!* Werde dir klar, daß du das, was du getan hast, bloß wissentlich (oder unwissentlich) aus dem lebenslangen *unschuldigen* Streben nach deinem göttlichen Selbst heraus tatest.

Betrachte alles, was du bedauerst, als eine *jetzt gelernte* Lektion – und laß sie für immer hinter dir! Ich empfehle dir auch, am Ende eines jeden Tages vor dem Schlafengehen für den Tag zu danken und dir selbst mit Überzeugung zu verkünden: *„Ich bedaure nichts, was ich heute getan habe!“*

Wenn etwas wie ein Bedauern seinen häßlichen Kopf hebt, dann verwandle es augenblicklich und füge es zu deiner leuchtenden Perlenkette der Weisheit hinzu. Du wirst schlafen wie ein Baby, und dein Seelenpartner oder deine Seelenpartnerin wird dich lieben.

Bis hierher haben wir unsere Schuldgefühle und unser Bedauern aus der Perspektive des Bewußtseins oder des Geistes betrachtet. Jetzt müssen wir sie nach physikalischen Gesichtspunkten betrachten, denn, wie schon gesagt, leben in jeder deiner Körperzellen oder Körperbewegungen über 20 Milliarden Vorfahren, die vor Schuldgefühlen und „Hätte ich doch"s nur so starren.

Es ist die Zusammensetzung deiner Erbmasse, die darüber entscheidet, ob große, kleine oder mittelmäßige Schuldgefühle aus deinen Genen und deiner DNS aufsteigen. Wenn zum Beispiel die letzten drei Generationen deiner Vorfahren voller Schuldgefühle steckten, dann ist das auch dein Schicksal. Wenn sich hingegen die drei vorherrschenden letzten Generationen ziemlich frei von Schuld fühlten, dann wird das auch bei dir so sein. Danke dem Himmel dafür! Wenn du zu denen gehörst, die eine schuldbelastete Erbmasse mitbringen, ist dennoch nicht alles verloren. Nur weil du dich für schuldig hältst oder dich so fühlst, *bedeutet das noch lange nicht, daß du es auch bist!*

Wenn du irgendein Gefühl der Schuld oder des Bedauerns erwischst, das gerade aus der Tiefe deines Seins aufsteigt, dann machst du damit genau das gleiche wie mit jedem anderen Schuldgefühl: *Du schaust es an, nimmst es in den Arm und löschst es!* Es liegt ganz und gar an dir, und *du bestimmst darüber, was in dir lebt!*

Wenn du dir die Schuld anziehst, die du von irgendeinem Vorfahren oder direkt aus dem Bewußtsein der Gesellschaft geerbt hast, dann gibst du damit deine Herrschaft über dich selbst und die Macht über dein Leben ab. Du gibst den kostbaren Augenblick deines eigenen Lebens auf und durchlebst statt dessen noch einmal die Schuld oder das Bedauern, die dir innerlich von deinen Vorfahren überliefert oder von irgendeiner äußeren „Autorität" aufgezwungen wurde.

Frage dich selbst in jedem Augenblick deines Lebens: „Was will ich wirklich?" Horche in dich hinein und *folge deinem Geiste ohne*

*Zögern!* Wenn du wirklich weißt, wer du bist und was du bist, wird alles, was du dir wünschst, *frei* und voll und ganz dir gehören, ohne jeden Rest oder jede Färbung von Schuld oder schlechtem Gewissen. Die massive Schuld und das dumpfe Gefühl des Bedauerns fällt von deinen Schultern, und dein Geist kann sich frei in die Lüfte schwingen. Das ist es, was geschieht, wenn du deine Vergangenheit hinter dir läßt.

Ich weiß es, denn ich habe es so gemacht, *und du kannst es auch!* Dein Seelenpartner wird jeden deiner Siege über dich selbst sehr zu schätzen wissen. Er oder sie wird dir deine eigenen hart erworbenen spirituellen Eigenschaften spiegeln.

Horch! *Dein Seelenpartner – ruft nach dir!*

Kapitel 27

# Die „Finde-deinen-Seelenpartner"-Technik

Wirklich unzählige Paare und Einzelpersonen haben mich angerufen, mir geschrieben oder sind mit einem freundlichen Lächeln oder einem Händedruck auf mich zugekommen, um mir überschwenglich für mein früheres Buch FINDING YOUR SOULMATE zu danken. Sie alle sagten, sie hätten meine Vorschläge, um ihre geliebten Seelenpartner in ihr zu Leben ziehen, befolgt und Erfolg damit gehabt!

Einen der vielen dieser Dankesbriefe von frischgebackenen Seelenpartnerpaaren habe ich in meinem früheren Buch abgedruckt. Er beschreibt aufgeregt und detailliert, wie einer der beiden meine Techniken befolgte und damit plötzlich eine Kette von Ereignissen in Gang setzte, die sie glücklich und dankbar einander in die Arme führten! Ich bin mit diesem lieben und lebendigen Paar in Kontakt geblieben und zähle nun dankbar beide zu meinen langjährigen Freunden!

Ich möchte hier einige der bewährten Techniken aufführen und noch ein paar mehr! Ich schließe in diesem Buch nicht nur *zusätzliche* Manifestationstechniken ein, die ich eifrig im Lauf der Jahre zusammengetragen und benutzt habe, sondern auch in allen Einzelheiten die *Elf magischen Schritte*, die in meinem früheren (vergriffenen) Bestseller $UCCE$$ FORMULA (DIE FORMEL DES ERFOLGS) beschrieben wurden. Wenn du und dein Seelenpartner oder deine Seelenpartnerin zusammengekommen und ein glückliches Seelenpartnerpaar geworden seid, dann könnt ihr obendrein die folgenden Techniken dazu benutzen, euch eure kühnsten Träume oder langjährigen Wünsche zu erfüllen!

Ich werde die *Elf magischen Schritte* der Erfolgsformel in derselben Reihenfolge präsentieren wie in meinem früheren Buch. Es ist jedoch wichtig zu sehen, daß du – auch wenn ich dir die Mechanismen jedes einzelnen dieser ganz spezifischen und realen „Schritte" zeigen und dich darin anleiten muß – sie synchron, das heißt, alle auf einmal, ausführen mußt. Du machst damit einen riesigen Schritt, eine vollbewußte Bewegung auf das Ziel deiner Wünsche zu.

## Erster Schritt

Der erste Schritt ist dein SELBSTBILD. Alle Bemühungen um persönlichen Erfolg sind zum Scheitern verurteilt, wenn du dich – wer du bist und was du bist – nicht klar und eindeutig liebst und achtest! Diesen Schritt habe ich daher an den Anfang der Liste gesetzt. Wenn du dich persönlich nicht für wert erachtest, deinen Seelenpartner anzuziehen und seine oder ihre Liebe zu „halten", warum solltest du dir dann überhaupt die Mühe machen, ihn oder sie zu finden? Es wäre eine lächerliche Zeitverschwendung!

Wenn du weißt oder spürst, daß dein Selbstbild zu wünschen übrig läßt, dann schau es dir an und finde heraus, warum das so ist. In den meisten Fällen ist es ein trauriges, unwirkliches, fälschlich oder unwissenderweise angenommenes Bild von dir selbst. Du bist nicht wertlos oder ein Versager, nur weil Eltern, Lehrer, Pfarrer oder andere gesellschaftliche „Autoritäten" dir in ihrer Ignoranz diesen Eindruck vermittelt haben. Es bedeutet, daß du dich fälschlich mit deiner Persönlichkeit oder einem deiner vielen defensiven Egos identifizierst, anstatt mit deinem heiligen *Gott*-Selbst. Nimm dir all die Zeit, die du brauchst, um durch Lesen, Beratung oder auf sonst eine Weise deinen wahren inneren Selbstwert herauszufinden, der immer da ist, auf den du zählen und den du lieben kannst! Wenn du mit diesem Schritt fertig bist, geh zum nächsten über.

## Zweiter Schritt

Der zweite Schritt ist die WUNSCHKRAFT. Wie schon in anderen Teilen dieses Buches gesagt, kann keine Schöpfung ohne einen starken Wunsch seines Schöpfers in die elektrische dreidimensionale Manifestation gelangen. Dein Wunsch muß in deinem Denken einen wichtigen Platz einnehmen und so stark sein, daß du ihn buchstäblich „schmecken" kannst! Das kannst nur du bewirken! Nur du kannst dir die Mühe machen, mit allem anderen lange genug innezuhalten, um zu sehen und zu spüren, was du dir in deinem Leben am allermeisten wünschst. Sehnst du dich so stark nach deinem Seelenpartner? Wenn ja, dann wird er oder sie es spüren. Auf geht's!

## Dritter Schritt

Der dritte Schritt ist AUFSCHREIBEN. Kein vernünftiger Bauherr würde mit dem Bau eines turmhohen Wolkenkratzers beginnen, ohne schwarz auf weiß einen Plan dafür vor sich zu haben. Schreib es also auf. Dein Wunsch bekommt dadurch mehr Substanz. Konstatiere schriftlich, daß dein Seelenpartner oder deine Seelenpartnerin bis zu einem bestimmten Zeitpunkt in deinem Lebenskreis erscheinen wird.

Das Universum nimmt diesen schriftlichen Erlaß wahr. Es weiß, daß es sich bei diesem Wunsch nicht um das übliche

Wunschgeschnatter in deinem Kopf handelt – diesmal ist es dir „ernst" damit! Dein schriftlicher Akt verleiht deinem Wunsch Masse und Substanz. Er ist wie eine persönliche, physische Einprägung in die Wirklichkeit.

Unterschätze die Macht dieses Schrittes nicht. Dein gesamter Körper empfängt damit unmittelbare chemische und zelluläre Signale. Es wird dadurch zu etwas ganz anderem als deine früheren aufregenden, aber nie verwirklichten Tagträume. All deine bewußten und unbewußten Kräfte „spitzen die Ohren" und hören, daß es dir mit diesem „Traum" wirklich ernst ist! Du handelst, also hast du ganz offensichtlich vor, ihn zur dreidimensionalen Realität werden zu lassen! Da dein Körper bereits das allgemeingültige Gesetz *„Handlung führt zu Handlung „* kennt, bringt er dein gesamtes Körpersystem in Bereitschaft, um dir bei deinem gewünschten Ziel zu helfen.

Viele Menschen, die sich der Wichtigkeit dieses Schrittes nicht bewußt sind, übergehen ihn und haben so nicht die erwünschten Ergebnisse. Ein klassisches Beispiel war meine frühere Mitarbeiterin Mary. Mary kam immer wieder mit diversen dringenden Problemen daher, die sie hartnäckig quälten. Ich schlug vor, sie solle doch einfach die *Elf magischen Schritte* befolgen.

Mary wollte ihre Probleme aber nicht so ohne weiteres aufgeben.

„Ach, ich weiß schon," sagte sie. „Ich hab dein Buch gestern abend durchgeblättert. Ich bin als *Christlicher Wissenschaftler* erzogen!" Prahlerisch fügte sie hinzu: „Ich denke und erwarte *immer* nur Gutes!"

Mary lebte offensichtlich nicht, was sie sagte, und ich war jetzt fest entschlossen, der Sache auf den Grund zu gehen.

„Mary, das heißt nicht, daß du auch alle nötigen Schritte unternommen hast. Schreibst du deinen wichtigsten Wunsch auf?" fragte ich intuitiv.

„Naja, nein," sagte Mary zögernd. „Aber ich denke dauernd positiv!"

„Mary," sagte ich freundlich und sah ihr direkt in die Augen, „schreib ihn bitte auf, lies mein Buch noch einmal und *tue alles*, was nötig ist, wenn die Erfolgsformel für dich wirken soll!"

Solchermaßen der Tatsache gegenübergestellt, daß sie mein Buch zwar gelesen, aber nicht *alle* Schritte ausgeführt hatte, willigte Mary ein, es zu versuchen.

Am nächsten Abend rief mich eine sehr aufgeregte Mary an.

„Michael", sagte sie atemlos, „du kannst dir nicht vorstellen...!"

„Was?" fragte ich.

„Es funktioniert!"

„Was funktioniert?"

*„Das mit dem Aufschreiben!* Ich hab's gemacht. Ich hab' die drei wichtigsten Sachen, für die ich eine Lösung finden muß, aufgeschrieben. Für die ersten beiden hat sich schon was ergeben – keine sechs Stunden, nachdem ich sie aufgeschrieben habe!" sprudelte sie hervor.

„Und das Dritte ist auch unterwegs! Ist das nicht wunderbar?" fügte sie hörbar freudestrahlend hinzu.

Das ist wirklich prima, Mary," sagte ich und nickte mir selbst anerkennend zu. „Danke, daß du's mir sagst! So etwas höre ich gern!"

Später in der Woche vertraute sie mir die drei Probleme an, die sie aufgeschrieben hatte: 1.brauchte sie mehr Geld, 2.eine schöne eigene Wohnung und 3. eine Arbeit, die ihr Spaß machte.

Ich freue mich zu berichten, daß auch der dritte Wunsch weniger als zwei Wochen später dreidimensionale Wirklichkeit wurde.

Die Sache ist die, daß nicht nur Denken und Wissen zwei verschiedene Dinge sind, sondern auch wissen und nach diesem Wissen *handeln*! Handle! Schreib es auf!

## Vierter Schritt

Der vierte Schritt ist, der Sache ZEIT ZU LASSEN. Das Universum oder die dich umgebende Welt nimmt bereits eine bestimmte Formation von Zeit, Raum und Geschehen ein. Es ist nicht nur Energie oder persönliche Anstrengung nötig, um die Dinge, „wie sie sind", zu ändern, sondern es braucht immer auch eine gewisse Zeit.

Da du jetzt schon die starke Grundlage eines guten Sebstbildes besitzt und genau weißt, was du willst – und außerdem aufgeschrieben hast, was du dir so sehr wünschst, daß du es schmecken kannst – wird dein Wunsch jetzt in Bewegung gesetzt! Deine Aufgabe ist jetzt, deinen Wunsch auf eine ganz bestimmte Manifestation in Zeit und Raum zu richten. Du bestimmst, wieviel Glauben du in diesem Augenblick besitzt. Ist dein Glaube groß genug, eine augenblickliche Manifestation direkt vor deinen Augen (und denen der anderen) hervorzubringen oder braucht es etwas Zeit? Wenn ja, dann hängt die Zeitdauer einzig und allein von deinem Glauben ab! Wird es einen Tag, eine Woche, ein halbes Jahr oder mehrere Jahre dauern? Nur du weißt in deinem Inneren die Antwort. Dein Glaube wird darüber entscheiden, wie lange es dauert, bis dein Seelenpartner auftaucht.

Du mußt in dieser Hinsicht absolut ehrlich mit dir sein. Du kannst nicht aufschreiben, daß es nur drei Tage dauern wird, wenn du nicht fühlst oder glaubst, daß es wirklich in so kurzer Zeit geschehen wird. Wenn du dich mit drei Monaten oder einem ganzen Jahr besser fühlst, dann lege diesen Zeitraum schriftlich fest.

Als ich mich in weniger als sechs Monaten aus meiner erbärmlichen Armut in den Besitz eines eigenen Hauses (inklusive Cadillac und einer neuen, hochdotierten Stellung) begab, wußte ich, daß ich es in dieser Zeit schaffen konnte! Wenn ich einen Monat aufgeschrieben hätte oder sogar drei Monate, dann hätten mein konkretes Denken und mein Bauchgefühl das nicht unterstützt. Mein Wunsch wurde zu dreidimensionaler Wirklichkeit, weil ich wirklich glaubte, daß ich binnen sechs Monaten oder weniger den finanziellen Übergang von nichts (der Nullstellung) zu etwas schaffen konnte! Du kannst dasselbe. Spüre hin, wie lange es dauern wird, und laß dir dann von allen *Elf magischen Schritten* dabei helfen.

Eine letzte wahre Geschichte soll dir diesen Schritt gründlich erhellen. Jahre nachdem über hunderttausend $UCCESS FORMULA – Bücher verkauft und gelesen worden waren, suchte mich eine Dame mittleren Alters zu einer persönlichen Beratung auf. Ich gab ihr eine Definition der Zusammensetzung der sieben Strahlen ihres Geistes, ihrer Seele, ihrer Persönlichkeit, ihres mentalen, emotionalen und physischen Körpers. Das half ihr, die Hintergründe bestimmter Verhaltensweisen zu erkennen und zu sehen, was sie tun konnte, um die Kraft des richtigen Strahls in ihr Leben zu bringen, um einige Unausgewogenheiten zu beheben.

Nach der Beratung dankte mir die liebe Dame und platzte dann damit heraus, daß sie schon so lange darauf gewartet hätte, mir persönlich für das Buch $UCCESS FORMULA zu danken. Sie sagte, sie hätte die *Elf magischen Schritte* benutzt, um einen dringenden Wunsch *innerhalb einer Woche* wahr werden zu lassen! Neugierig bat ich sie, mir mehr darüber zu erzählen, und sie kam meiner Bitte gerne nach.

Nachdem sie mein Buch gelesen hatte, machte sie sich augenblicklich an die Durchführung aller elf Schritte. Sie sagte, sie hätte unbedingt binnen einer Woche fünftausend Dollar gebraucht! Und sie bekam sie auch! Wie? Sie sagte mir, sie hätte ihren Wunsch nicht nur aufgeschrieben und alle Schritte befolgt, sondern auch eine starke Visualisierungstechnik benutzt. Sie wußte, wie Hundertdollarscheine aussehen, und sie kannte auch die Dame an ihrem Bankschalter sehr gut. Sie stellte sich also vor, wie sie zu dieser

Dame an den Schalter ging und ihr mit den Worten: „Bitte geben Sie mir fünfzig Hundertdollarscheine!" einen Scheck überreichte. Dann zählte sie im Geiste mit der Dame am Schalter den Packen Hundertdollarscheine, nahm lächelnd ihr Geld in Empfang, steckte es in ihre Brieftasche und ging hinaus. Wow! Stark!

Diese starke Visualisierung führte sie dreimal täglich mit Feuereifer und aller Begeisterung, die sie aufbringen konnte, durch und hatte bald das Gefühl, daß wirklich etwas im Gange war. Und tatsächlich kam sechs Tage später, genau zur rechten Zeit, ein Brief von einem Onkel den sie seit Jahren nicht gesehen hatte. Sie öffnete ihn verwundert, und fand drinnen einen Scheck über fünftausend Dollar, auf ihren Namen ausgestellt, mit einem erklärenden Brief. Ihr Onkel war alt und hatte nicht mehr lange zu leben. Er wollte seinen Lieben ihr Erbteil persönlich vor seinem Tode übergeben. Meine eigene Großmutter und mein Goßvater väterlicherseits hatten dasselbe getan, als ich ein Kind war. Ich weiß noch, wie toll es war, plötzlich einen Scheck über 500 Dollar für mich in Händen zu halten! Mein jüngerer Bruder und meine älteren Geschwister hatten ebenfalls alle einen Scheck über 500 Dollar erhalten, daher war mir die Motivation hinter diesem passenden Ereignis nicht fremd. Ich dankte der Dame, daß sie mich an ihrer Erfolgsgeschichte hatte teilhaben lassen, und sie ging ihrer Wege.

Dann saß ich allein und dachte darüber nach. Ich staunte über ihren starken Glauben. Schließlich hatte ich sechs Monate gebraucht, um meinen Wunsch wahr werden zu lassen! Sie schaffte es in einer Woche! Die Schülerin hatte den Lehrer übertroffen, und ich fühlte mich sehr geschmeichelt. Ich war ein guter Lehrer gewesen!

Plötzlich kam mir ein toller Gedanke! Ich konnte auch gut fünftausend Dollar für ein Projekt gebrauchen, das ich im Sinn hatte!

Kurz gesagt hielt auch ich mit Hilfe derselben Visualisierungstechnik (die meine Schülerin – jetzt meine Lehrerin – mir beigebracht hatte) eine Woche später einen Scheck über 5000 Dollar in der Hand! Der Scheck kam plötzlich in einem Umschlag von jemandem, mit dem ich mich einige Tage zuvor angefreundet hatte. Ich ging zur Bank, löste den Scheck ein und zählte ebenso entzückt mit der Dame am Schalter die fünfzig Hundertdollarscheine. Dann steckte ich sie in meine Brieftasche (und dann in mein Projekt). Natürlich dankte ich allen Beteiligten!

## Fünfter Schritt

Der fünfte Schritt ist der SEGEN. Du mußt dich vergewissern, daß das, was du dir wünschst, für alle Beteiligten ein Segen ist. Du nimmst dadurch automatisch eine geistige Haltung von *„Dein Wille geschehe“* ein. Du weißt ohne den Schatten eines Zweifels, daß die Erfüllung deines Wunsches nicht nur gut für dich ist, sondern auch für alle anderen, die daran beteiligt sind. Was auch immer du dir zum Besseren wünschst, erhoffst oder erwartest: Segne es mit dem höchsten Segen, den du dir für irgend jemanden oder irgend etwas, der oder das daran beteiligt ist, vorstellen kannst. Segne sie und *segne dich!*

## Sechster Schritt

Der sechste Schritt ist, es dir vorzustellen. Sieh, wie sich dein Wunsch materialisiert, genau so klar und deutlich wie die Dame, die sich vorstellte, wie sie die gewünschten fünfzig Hundertdollarscheine zählte. Je klarer du dein Bild machst, desto mehr Kraft verleihst du der Erfüllung dieses Wunschbildes. Die Natur folgt einem dreifachen Abstieg vom Gedanken zu seinem dreidimensionalen Niederschlag. Der Gedanke bewegt sich „abwärts“ (oder von innen nach außen) von 1. der Idee, zum 2. Ideal und 3. Idol. Bei diesem dritten Schritt ist eine frühere Nullrealität zu einer vollständigen und konkreten dreidimensionalen Materialisierung in Zeit und Raum geworden.

Mit diesem Schritt tust du nichts anderes, als was jeder andere Schöpfer in der ganzen Schöpfung immer getan hat: Du *siehst* das *Ende* vom *Anfang* aus! Stell dir so genau wie möglich vor, wie er oder sie aussieht, denkt, handelt, sich anfühlt! Hat er oder sie braune oder blaue Augen, rote oder braune Haare, ist er oder sie groß oder klein, u.s.w. Füge hinzu, was du dir wünschst, und lösche, was du nicht willst! Er oder sie ist in diesem Augenblick einzig und allein deine eigene Schöpfung, dein eigener Wunsch. Deshalb kann niemand sonst dir diese „Arbeit“ abnehmen!

Du kannst diesen Vorgang mit dem Kopieren eines Briefes vergleichen. Das Kopiergerät kann dir nur eine ganz genaue Kopie dessen liefern, was du hineinlegst, mehr nicht. Betrachte unser riesiges Universum als ein gigantisches Kopiergerät, bereit, das genaue Bild dessen auszudrucken, was du eingibst.

*Genau so* geht jede Veränderung vor sich! *Das Universum stellt sich von Moment zu Moment um, um sich deinem Bild der Wirklichkeit anzupassen!* Ein weiser Mensch, der sich dieser Wahrheit bewußt ist, hält für alle Fälle ein gutes Bild von sich selbst aufrecht.

Deine „Aufgabe“ ist leicht! Du brauchst nur zu wissen, was du willst, und dir ein möglichst klares Bild des „Endresultats“ auszumalen. Das Universum macht sich dann an die Arbeit und läßt es Wirklichkeit werden. Wir werden beim *Achten Schritt* darauf noch näher eingehen.

## Siebter Schritt

Der siebte Schritt ist DIE NABELSCHNUR DURCHZUTRENNEN. Wir haben darüber schon gesprochen. Mit diesem Schritt *läßt* du einfach deine intensive Visualisierung und Konzentration auf deinen Wunsch *los.* Du *dezentrierst* dich! Du läßt im tiefen Vertrauen darauf, daß deine tiefe Sehnsucht nach einem Seelenpartner oder einer Seelenpartnerin absolute Realität werden wird, das elektrische dreidimensionale Universum los.

Wenn du diese lebendige „Gedankenform" deines Wunsches in deiner Aura behältst und immer weiter darüber nachdenkst, könnte sie zu viel für dich werden! Sie könnte dich besetzen oder besessen machen! Tatsächlich entstehen auf diese Weise „fixe Ideen"!

Wenn ein Baby geboren wird, schneidet die Hebamme oder der Arzt die Nabelschnur durch. Du mußt dasselbe tun, wenn du deinen Wunsch zur Welt bringen willst. Konzentriere dich mehrmals täglich mit all deiner Kraft darauf, vorzugsweise immer zur selben Zeit. Dann laß los, laß deinen Wunsch gehen und lebe einfach fröhlich weiter! Die Natur weiß wirklich, wie sie es am besten schafft!

## Achter Schritt

Der achte Schritt ist, ES DER NATUR ZU ÜBERLASSEN. Du und ich, wir können uns das Gehirn darüber zermartern und uns ein halbes Dutzend gute Szenarios ausdenken, wie unser Seelenpartner tatsächlich zu uns kommen kann. Wir haben die Tendenz, nach einem einfachen „entweder/oder"-Prinzip zu denken. Das ist ein großer Fehler. Die Möglichkeiten der Natur, eine „Absicht" ganz korrekt und richtig in ein „zeitliches Ereignis" zu verwandeln, sind tatsächlich unerschöpflich!

Deine einzige Aufgabe ist hier, zu wissen, was du dir wünschst, die *Elf magischen Schritte* zu befolgen und dann die Natur oder das Universum sich arrangieren zu lassen, um dein *neues Bild* der Wirklichkeit hervorzubringen! Du brauchst dich nur auf das *Ergebnis* zu konzentrieren, nicht auf den Weg dorthin. Das Universum beobachtet nur, worauf du dich konzentrierst, und gibt dir davon mehr, denn es fällt keine Urteile darüber, ob etwas gut oder schlecht ist. Es tut einfach, was der Schöpfer ihm befohlen hat – es füllt die neuen Räume der Wirklichkeit, die du und ich, als denkende Geschöpfe darin, durch neue „Umlaufbahnen" der Aktivität oder Realität erschaffen! Während du und ich noch spekulieren oder ein halbes Dutzend gute Lösungsmöglichkeiten widerkäuen, kennt die Natur schon alle Möglichkeiten. Die Natur weiß, was sie „aus"- oder „ein"balancieren muß. Wir hingegen brauchen nur zu wissen, was wir wollen!

## Neunter Schritt

Der neunte Schritt ist, DEINEN GLAUBEN AUFZUBAUEN. Ich empfehle dir sehr, alle Erfolgsgeschichten zu lesen, derer du habhaft werden kannst. Manchmal geben auch Biographien im Fernsehen diese Art von gutem Beispiel.

Wenn es möglich ist, einen so kleinen Glauben zu haben wie ein Senfkorn und doch Wunder zu vollbringen, dann ist sicherlich anzunehmen, daß du umso mehr „Wunderkraft" besitzt, je größer dein Glaube ist.

Als ich mit achtzehn meine Nahtoderfahrung hatte, blickte ich auf meine scheinbar so solide dreidimensionale Realität zurück und erkannte, daß die physische Welt, die ich hinter mir gelassen hatte, *ein Traum war!* Sie war *nur durch Glauben* erschaffen worden! Seit damals habe ich ohne jeden Zweifel bewiesen, wie man den Glauben aufbringen und benutzen kann, um die Wunder zu erschaffen, die man sich wünscht! Du kannst es auch!

Baue deinen Glauben auf, daß dein Seelenpartner oder deine Seelenpartnerin zu der von dir bestimmten Zeit bei dir sein wird, dein Hand hält, sanft dein Gesicht streichelt oder mit dir im Wohnzimmer herumtanzt.

Schmecke es! Sieh es vor dir! Spüre es! Glaube kann buchstäblich Berge versetzen. Glaube ist nötig, um jede Sehnsucht zu erfüllen. Ein unveränderliches universelles Gesetz ist, daß *absolut ist, was absolut ist!* Baue deinen eigenen absoluten Glauben auf, und dein Seelenpartner oder deine Seelenpartnerin wird zur von dir gewünschten Zeit in deinen Armen sein!

## Zehnter Schritt

Der zehnte Schritt ist INTENSITÄT. Auch darüber haben wir schon gesprochen. Kein Ball kann in die Luft geworfen werden, ohne daß du eine größere Kraft dahinter setzt als die Erdanziehung da, wo du stehst, wenn du ihn wirfst... Je stärker du also wirfst, desto höher schwingt sich der Ball über das Anziehungfeld der Erde auf. Das bedeutet ganz offensichtlich, daß unser Erfolg umso sicherer sein wird, je mehr Kraft wir dahinter setzen, unseren Seelenpartner körperlich bei uns zu haben.

Es erklärt auch, warum manche unserer Ideen Wirklichkeit werden, während die meisten anderen sich nicht materialisieren. Der Intensitätsgrad macht den Unterschied. Die intensive geistige, emotionale und körperliche Entschlossenheit dahinter macht diese ganz bestimmte Idee innerhalb unseres Realitätsradius' zu einem lebendigen Raum.

Du brauchst überhaupt keine Zeit darauf zu verschwenden, dir deinen Seelenpartner herbeizuwünschen, wenn du nicht bereit bist, eine wirklich lebendige, denkende, atmende Intensität in diesen Wunsch zu legen. Noch einmal: Du mußt die Intensität aktivieren, die du brauchst, um deinen Seelenpartner zu dir zu bringen! Wünsche es dir so intensiv, wie du kannst!

## Elfter Schritt

Der elfte Schritt ist, SCHWEIGEN ZU BEWAHREN. Du wirst sonst bald herausfinden, daß deine Freunde und Lieben die ersten sind, die dich da halten wollen, wo du bist! Sie wollen dich genau da, und nirgendwo anders! Sie können sich dich nicht anders vorstellen, deshalb sei still und erzähle ihnen nichts von deinem Seelenpartner oder den *Elf magischen Schritten.* Wenn du anderen davon erzählst, läufst du Gefahr, daß sie es dir „miesmachen". Vielleicht sagen sie dir, du kannst das nicht!

*„Perlen nicht vor die Säue werfen"* bedeutet, daß du nichts, was dir selbst sehr kostbar ist, in die Hände derer gibst, die es heruntermachen oder nicht wertschätzen würden.

Jeder Weise würde dir empfehlen, „okkulte Stille" zu bewahren, das heißt, dein gutes Ziel verborgen zu halten, so daß du es erreichen kannst, bevor Menschen niederer Natur es sehen und dich davon abzuhalten versuchen. Ein Kommandant wird während eines Feldzuges alles daran setzen, den Gegner seine geheimen Pläne nicht wissen zu lassen. Sei ein guter General in den Angelegenheiten deines Lebens, behalte dein wunderbares, heißes Verlangen für dich! Laß deine fruchtbare zarte Gedankenform Wurzeln schlagen und Früchte tragen, bevor du Aufmerksamkeit und Widerspruch erregst. Sieh dich statt dessen *in der Zukunft,* wie du anderen erzählst, wie du es geschafft hast – nicht wie du jetzt planst, es zu schaffen! Sieh nicht nur das Ende von Anfang an vor dir, sondern warte auch bis zum Ende, bevor du enthüllst, wie alles anfing.

Das heißt natürlich nicht, daß du anderen nicht von den *Elf magischen Schritten* erzählen sollst. Das kannst du tun, wenn du willst, aber sag einfach niemandem, daß du gerade deinen Seelenpartner oder deine Seelenpartnerin herbeiziehst. Bewahre heilige Stille!

Hier noch einmal alle *Elf magischen Schritte* übersichtlich auf einer Seite:

## Elf magische Schritte

- Erster Schritt .......................... SELBSTWERT
- Zweiter Schritt .................... WUNSCHKRAFT
- Dritter Schritt .................... SCHREIB ES AUF
- Vierter Schritt ...................... LASS IHM ZEIT
- Fünfter Schritt ......... GIB DEINEN SEGEN DARAUF
- Sechster Schritt ................... STELL ES DIR VOR
- Siebter Schritt ......................... LASS ES LOS
- Achter Schritt ............ ÜBERLASS ES DER NATUR
- Neunter Schritt .......... STÄRKE DEINEN GLAUBEN
- Zehnter Schritt ....................... SEI INTENSIV
- Elfter Schritt ................ BEWAHRE SCHWEIGEN

Diese *Elf magischen Schritte* warten jetzt auf deine Aktivierung. Wenn du sie anwendest, ziehst du vielleicht deinen Seelenpartner herbei! Möge es bald sein! Und möge eure süße Beziehung ein Segen für alle sein, die du kennst, und alle, die mit euer beider froher und liebender Gegenwart in Berührung kommen!

Kapitel 28

# Die Traumsuggestions-Technik

Autosuggestion ist in meinen Augen eines der besten therapeutischen Werkzeuge, die der Mensch hat. Die großen Konzerne bombardieren uns tagtäglich mit subtilen und verkaufsträchtigen Suggestionen. Sie wissen, wie mächtig ständige Wiederholung wirkt. Jede Suggestion, die andere oder wir selbst uns geben, „schlägt" irgendwann „an" und treibt uns dazu, entsprechend zu handeln.

*Hypnose* oder Selbsthypnose bzw. Autosuggestion ist im Grunde eine ähnliche „Induktions"-Technik, die jemandem, der in veränderte Wahrnehmung oder einen Trancezustand gebracht wird, eine konditionierte Reaktion einflößt. Je tiefer dabei die Wahrnehmungsveränderung oder Trance, desto leichter kann natürlich eine Suggestion angenommen und zur Erfüllung gebracht werden.

Wenn du meinen ersten Bestseller zum Thema Seelenpartner gelesen hast, weißt du, daß ich meiner Seelenpartnerin zuerst *im Traum* begegnet bin! Ich habe darin ausführlich beschrieben, wie wir beide uns zuerst in Träumen begegneten, bevor wir uns körperlich trafen. Zuerst kam es monatelang vor unserer tatsächlichen Begegnung zu ganz spontanen leidenschaftlichen, geistigen und spirituellen Begegnungen im Traum. Nach mehreren dieser im höchsten Maße lustvollen Träume fing ich jedoch an – da ich mir jede Autosuggestion eingeben konnte, die ich wollte –, mich vor dem Einschlafen entsprechend zu programmieren, wenn ich ihr im Schlaf begegnen wollte – und das war oft!

Noch verblüffender war, daß sie mir auf der physischen Ebene tatsächlich deshalb begegnete – abgesehen davon, daß sie wußte, in welcher Stadt ich zu finden war – weil sie in meiner kleinen Wochenzeitschrift eine Annonce *über Träume* aufgeben wollte! Sie rief mich an, um sich in der Anzeigenrubrik als Künstlerin bekanntzumachen, die darauf spezialisiert war, für wenig Geld *die Träume der Leute zu malen.*

Tatsächlich gab sie mir damit laut und klar die Botschaft, daß sie meine „Traumfrau" war – soeben in der Stadt angelangt und am ersten Tag nach ihrer Ankunft über meine Zeitung direkt zu mir gekommen. Als wir uns (ein paar Stunden später) trafen, erkannte ich augenblicklich meine leidenschaftliche „Traumfrau" in ihr – meine langerwartete Seelenpartnerin!

Sie erkannte mich jedoch auf der Ebene ihres Egos oder ihrer Persönlichkeit nicht sofort als ihren Seelenpartner, auch wenn ihre Seele wußte, daß ich es war, und sie dazu gebracht hatte, eine Anzeige in meinem Blatt aufzugeben. Sie fand mich jedoch magnetisch anziehend und mußte ständig zu mir kommen. Sie kam oft mehrmals täglich vorbei und gestand, daß es ihr schwerfiel, mir fernzubleiben.

Das letzte Erkennen, daß ich der Seelenpartner war, dem sie seit Monaten in ihren Träumen begegnete (und der sie über mehr als tausend Kilometer Entfernung in diese Stadt gerufen hatte), geschah, als ich ihr erzählte, wie ich durch meine Autosuggestionstechnik im Traum meinem Bruder Rich begegnet war, nur ein paar Tage, nachdem er an einem Herzinfarkt gestorben war.

Als mir meine Familie von seinem Tode berichtete, war ich zutiefst erschüttert. Er war mein großer Bruder, den ich liebte und der mir meine ganze Jugend hindurch ein Vorbild gewesen war. Am meisten schmerzte mich, daß ich mir nie die Zeit genommen hatte, Rich zu sagen, was für ein wunderbares und hohes Vorbild er mein Leben lang für mich gewesen war! Nachdem ich mit achtzehn sozusagen gestorben war, wußte ich, daß der körperliche Tod nichts ist, vor dem man sich zu fürchten brauchte. Ich wußte, daß

Rich jetzt, erlöst von den Grenzen seines Körpers, die volle geistige Freiheit genoß.

Aber der Gedanke, daß er so plötzlich gestorben war, ohne daß ich Gelegenheit gefunden hatte, ihm dafür zu danken, was er für mich war, nagte an mir. Plötzlich kam mir jedoch eine Idee! Ich würde einfach jeden Abend vor dem Schlafengehen eine starke emotionale Autosuggestion benutzen, um ihm im Geiste, in einem „Klartraum", zu begegnen. Da es schon mit vielen anderen ungaublichen Autosuggestionen funktioniert hatte, einschließlich der mehreren Dutzend Begegnungen mit meiner Seelenpartnerin, wußte ich, daß es ging. Ich wünschte mir so sehr, ihm „persönlich" – wenn schon nicht im Fleische – zu danken, daß es gelingen *mußte*.

Auch hier geschah in der ersten Nacht nichts. In der zweiten – nichts. Aber in der dritten! Ich „erwachte" plötzlich in einem Klartraum, an den ich mich bis auf den heutigen Tag genau erinnere.

Meine schon vertraute Traumfrau und ich saßen nebeneinander im Fond einer großen schwarzen Limousine. Das „Paar" auf den Vordersitzen sah seltsam vertraut aus. Der Mann fuhr; er näherte sich einem riesigen Tor, das sich vor uns öffnete. Der Mann hielt den Wagen genau in der Mitte des Tores an, nachdem er ihn gewendet und wieder zurückgefahren hatte. Durch dieses Manöver waren meine Traumfrau und ich jetzt im Inneren, während das halbe Auto auf die andere Seite des Tores hinausragte.

Ich öffnete die Tür des Wagens und wir sprangen beide hinaus. Ich sah in der Ferne ein Licht, das rasch immer näher kam, und spürte Freude im Herzen, denn ich wußte, daß ich meinen Bruder Rich in der „Traumwelt" besuchte. Das Licht kam heran und verwandelte sich in die vertraute menschliche Form meines Bruders. Ich ließ meine Seelenpartnerin am Tor stehen und rannte zu ihm. Wir umarmten uns und hauten uns voller Freude auf die Schulter.

Wir sprachen und sprachen, und ich sagte ihm, was für ein wunderbares Vorbild er mir gewesen war und wie sehr ich ihn liebte und schätzte. Rich gab mir auch ein paar Tips für meine Gesundheit.

Plötzlich wußten wir beide, daß unsere Zeit um war, und wir gingen mit einer letzten Umarmung auseinander und winkten uns zum Abschied glücklich zu.

Meine Traumfrau hatte auch gespürt, daß wir rasch zu unserer wartenden Limousine zurück und sofort durch das Tor hinaus mußten, deshalb sprangen wir rasch in den Wagen.

Wie auf ein Zeichen ließ der Fahrer, der den Motor nicht abgestellt hatte, den Wagen langsam durch das riesige Tor hinausgleiten. Im selben Augenblick verwandelte sich die Limousine in ein riesiges Surfbrett. Unser Fahrer und seine vertraute weibliche Begleiterin waren inzwischen verschwunden. Meine Traumfrau und ich waren allein. Wir glitten Seite an Seite auf dem Surfbrett dahin, hoch über einem goldenen Strand und einem blauen Ozean mit schaumgekrönten Wellen, die mächtig Hunderte von Metern unter uns an die Küste rollten. Wir kuschelten uns aneinander, und ich empfand warme und überwältigende Liebe von meiner schönen Traumfrau. Dann erwachte ich aus meinem Traum und erinnerte mich plötzlich triumphierend daran, daß ich meinen geliebten Bruder getroffen hatte. Für uns hatte der Tod wahrlich keinen Stachel!

Was diesen Traum natürlich zu etwas ganz Besonderem machte, war die Gelegenheit, dieses einmalige Erlebnis *bewußt* mit meinem Traummädchen zu teilen!

Es war eine warme, tropische Vollmondnacht, und wir gingen an demselben goldenen Meeresufer mit schaumgekrönten Brechern entlang, als ich meinem Traummädchen meinen Traum erzählte. Sie hielt den Atem an und wußte sofort, daß ich der Seelenpartner war, dem sie so oft in ihren Träumen begegnet war!

Funktioniert also diese Traumsuggestion? Was meinst du? Ich WEISS, daß sie funktioniert! Ich benutze in meinem täglichen Leben oder für mein Schicksal oft Autosuggestionen. Du kannst es auch. Es geht so:

## Traumsuggestionstechnik

**A** Als erstes mußt du ganz genau wissen, was du mit deiner Traumsuggestionstechnik erreichen willst. Wenn es dir um ein süßes Rendezvous mit deinem Seelenpartner oder deiner Seelenpartnerin geht, dann stelle dir dies im Geiste und Gefühl so intensiv wie irgend möglich vor.

**B** Formuliere einen kurzen, prägnanten Satz, eine starke, direkte und energiegeladene Affirmation, die du dir leicht immer wiederholen kannst – um so dein Programm tief in dein physisches Gehirn einzuprägen.

**C** Finde heraus, welches der beste Augenblick ist, um dir diese Suggestion zu geben. Normalerweise geht es am besten im „Hinüberdämmern", kurz bevor du einschläfst.

**D** Es ist auch äußerst wichtig, daß du das, was du dir suggerierst, auch *erwartest*! Baue eine starke Erwartung, ein festes Vertrauen auf, daß du *dasselbe kannst wie ich* und zahllose andere Menschen wie wir! Was einer kann, können alle!

*Gib nie* etwas *auf*, das zu erstreben sich lohnt! Hätten wir elektrisches Licht, wenn Edison nach den ersten Versuchen, eine funktionsfähige Glühbirne herzustellen, aufgegeben hätte? Erwarte, daß du es beim ersten Mal schaffst, und bei jedem neuen Versuch wieder, bis deine Traumsuggestion angenommen ist und die passenden Neuronen in deinem Gehirn abfeuert, um zu einer Traumwirklichkeit zu werden.

Viel Spaß! Du bist am Ball – schieß dein Tor! *Und träume süß!*

Kapitel 29

# Aus dem Universellen Bewußtsein handeln

Wie du sicher inzwischen gemerkt hast, geht es in diesem ganzen Buch nur darum, sich des universellen Bewußtseins bewußt zu werden und dann damit zu verbinden. Heute tun das immer mehr Menschen. Wie steht's mit dir?

Jeder Lehrer oder Trainer, der etwas taugt, wird dir sagen, daß du in deinem Denken vom *Universellen* aus zum *Spezifischen* gehen sollst. Man könnte auch sagen, denke vom Allgemeinen zum Besonderen. Meine wunderbare und lebenslange Freundin und Autorin *Thea Alexander* würde in Anlehnung an ihren Bestseller *2150 A.D.* sagen, man solle vom *Makro-* zum *Mikro*standpunkt denken.

Oder, wenn du so willst: Gehe vom *Ganzen* aus und begib dich von dort zu den einzelnen *Teilen.* Natürlich bringen all diese feinen Leitsätze ein und denselben weisen Gedanken zum Ausdruck, nämlich daß du deine Ansichten über was auch immer von dem umfassendsten Blickwinkel aus sehen sollst, der dir möglich ist!

Der berühmteste Zeitgenosse unserer Zeit, dem es gelang, diese höchste kosmische Perspektive einzunehmen, war *Walter Russell,* international bekannt als der *Leonardo da Vinci des 20. Jahrhunderts!* Wenn du nicht schon das Buch von Glenn Clark, THE MAN WHO TAPPED THE SECRETS OF THE UNIVERSE (Der Mann, der die Geheimnisse des Universums anzapfte) gelesen hast, dann empfehle ich es dir wärmstens. Walter und seine Seelenpartnerin Lao lebten in ihren späteren, sehr produktiven Jahren in einem riesigen Marmorpalast in den Bergen von Virginia.

Diese beiden ungewöhnlich „hohen“ Seelen erkannten schon bei ihrer ersten Begegnung ihre Seelenpartnerschaft. Walter und Lao hatten bis zu ihrem Tode eine tiefe und heilige Seelenbeziehung und Ehe. Sie hinterließen der Menschheit Schätze an Wissenschaft, Denken, Kunst und Philosophie, die ihr für alle Zeiten erhalten bleiben werden.

Die moderne Wissenschaft beginnt durch die Astronomie und die Physik endlich, die größte Perspektive zu erkennen und ihr Wissen daraus zu beziehen. In der Vergangenheit wurde meist versucht, wissenschaftliche Ideen und Behauptungen dadurch zu untermauern, daß man von einem Teil ausgehend auf das Ganze schloß.

Diese Denkweise mußte wirklich umgekehrt werden (vom Ganzen zum Teil), bevor weitere Durchbrüche im pragmatischen technischen Wissen gelingen konnten. Jetzt geschieht auf der Erde ein Paradigmenwechsel. Es wächst endlich eine neue Generation von Wissenschaftlern heran, die in größeren Zusammenhängen denkt. Gott sei Dank!

## Bewußtsein

Es ist eine einfache kosmische Tatsache, daß ein kleines Bewußtsein nur kleine Dinge sieht. Ein begrenztes Bewußtsein erschafft seine eigenen Grenzen, während ein universelles Bewußtsein frei unendliche Weiten von Zeit und Raum und das endlose Panorama bunter holographischer „Light Shows“ durchstreifen kann.

Das Bewußtsein, deins und meins und das jedes Menschen, ist *von Natur aus* grenzenlos und universell! Es ist unnatürlich zu denken, daß Bewußtsein auf menschliches Bewußtsein beschränkt ist oder auf irgendein nationales oder internationales, interplanetarisches oder intergalaktisches Bewußtsein.

Bewußtsein ist überall auf einmal! Es hat keine Grenzen. Es ist eine falsche Ausdrucksweise, zu sagen *mein* Bewußtsein oder *dein* Bewußtsein! Der einzige und hauptsächliche Unterschied zwischen dir und irgend jemand anderem ist die Größe oder das Ausmaß an universellem Bewußtsein, das du an irgendeinem Punkt in Zeit und Raum benutzt!

Ich möchte dir vorschlagen, dein Bewußtsein dazu zu benutzen, dich so tief wie möglich an das unendliche universelle Wissen und die grenzenlose Weisheit anzuschließen. Es wartet geduldig darauf, daß du es ergreifst und nutzt – es wünscht sich das ebensosehr wie du!

## Gleich und gleich gesellt sich gern!

Der Seelenpartner oder die Seelenpartnerin, die du anziehst, wird deiner eigenen Sichtweise oder Reichweite des Bewußtseins entsprechen. Nach einem allgemeingültigen Gesetz wird er oder sie seine oder ihre universelle Perspektive entsprechend deinem eigenen begrenzten oder unbegrenzten Wissen über die Realität erweitern. Seelenpartner spiegeln sich auf vollkommene Weise. Wird er oder sie engstirnig sein oder offen und weise? Das liegt ganz an dir, denn dein Partner oder deine Partnerin ist dein perfektes Gegenstück!

Kapitel 30

# Schicksal?

Die meisten Leute glauben, Schicksal sei eben Schicksal. GANZ FALSCH! Ich glaube, nur wenige Menschen übernehmen Verantwortung für ihr Leben oder gestalten ihr Schicksal selbst. Deshalb ist es ihr *Schicksal*, zu nehmen, was kommt, denn sie ergreifen die Wahlmöglichkeiten nicht, die sich ihnen bieten.

Man begegnet immer „seinem Schicksal", wenn man irgendwo in seiner Vergangenheit die eigene Wahlfreiheit aufgegeben hat. Wenn man hingegen seine eigene süße Bestimmung selbst erschafft, wenn man selbst beschließt, welchen Weg man einschlagen oder welches Ergebnis man haben möchte, dann ist man Herr seines „Schicksals"!

Ein Mensch, der sein Schicksal selbst erschafft, ist nie in der Rolle des *Opfers*. Ein Opfer ist immer jemand, der das Gefühl hat oder hinausschreit, daß das Schicksal ihm übel mitspielt. Er erkennt nicht, daß das Universum gesetzmäßig in einen Zustand der Ausgewogenheit zurückkehren muß. Was immer du anderen Gutes tust, kehrt irgendwann zu dir zurück. Was immer du anderen an Schlechtem antust, muß irgendwann zu dir zurückkehren. Das Universum arrangiert sich ständig so, daß diesem Gesetz Genüge getan wird!

Im Osten wird dieses Gesetz des universalen Gleichgewichts als *Karma* bezeichnet, bei uns im Westen heißt es das Gesetz von *Ursache und Wirkung*! So gesehen kann die große Liebe, die du deinem Partner oder deiner Partnerin in einem früheren Leben entgegengebracht hast, in diesem Leben durchaus in der verführerischen Form eines Seelenpartners oder einer Seelenpartnerin zu dir zurückkehren! Du hast in diesem Falle dein eigenes süßes Schicksal selbst erschaffen.

Schicksal bedeutet einfach, sich bewußt zu entscheiden, ob man jemandem oder etwas in Liebe oder in Haß begegnet. Wenn du einen Partner in der Vergangenheit sehr gehaßt hast, kann das in diesem Leben in Form eines erbitterten Feindes auf dich zurückfallen! Weder das eine noch das andere waren jedoch dein Schicksal, sondern es ist einfach das Ergebnis deiner eigenen, einmal getroffenen Wahl.

Schicksal im negativen Sinne des Wortes tritt ein, wenn du zu einem gegebenen Moment keine eigene Entscheidung triffst, dich entweder aus irgendeiner „Strömung" des Lebens zu entfernen oder mit ihr zu gehen. Nehmen wir an, du befindest dich mitten in einem rasch dahinfließenden Fluß; die Strömung trägt dich einem 300m tief abfallenden Wasserfall (und somit deinem physischen Tode) entgegen. Deine Wahl, da der Wasserfall nur eine halbe Meile stromabwärts liegt, ist hier sehr klar: Du kannst entweder rasch ans Ufer schwimmen und dich retten oder sehr bald in den Tod stürzen. Wenn du ans Ufer schwimmst, hast du die Verantwortung für dein Schicksal zu leben übernommen und warst also nicht dazu verdammt, zu sterben! Eine andere Sache mit Entscheidungen ist die, daß man seinen inneren Eingebungen ohne Zögern folgen muß. Die Strömung wird nämlich zum Wasserfall hin stärker, und je näher du dem Wasserfall kommst, desto weniger Zeit bleibt dir, dein Leben zu retten, und desto anstrengender wird es, dich ans Ufer zu kämpfen. Andernfalls wird es eindeutig dein Schicksal sein, zu sterben!

Schicksal ist Schicksal! Wenn du nichts tust oder zu lange wartest, wenn die „Strömung" einer bestimmten Lage dabei ist, „den Bach hinunter zu gehen", ist es dein Schicksal, die Konsequenzen zu tragen! Wenn du jedoch bewußt Verantwortung für dein

Schicksal übernimmst, wird es sich ganz gewiß zu einem selbstbestimmten mausern!

Ein weiterer Faktor muß hier auch in Betracht gezogen werden, und das ist die *göttliche Intervention.* Nur Gott oder das Universum kann von tief innen heraus ein Naturgesetz abwenden oder ein Schicksal oder eine natürliche Strömung ändern.

Im Massenbewußtsein kann man das an folgendem Beispiel sehen: Es ist noch nicht so lange her, daß der Mensch strikt an das *Gesetz der Schwerkraft* gebunden war. Er konnte nicht in einem Fahrzeug durch die Lüfte fliegen. Als er jedoch tief in sich *selbst* ging und das größere *Gesetz der Aerodynamik* entdeckte, brauchte er sich nicht länger mit den beschränkten Bedingungen der Schwerkraft abzufinden; jetzt war es ganz klar sein Schicksal, mit Hilfe der aerodynamischen Prinzipien schnell, anmutig und leicht durch die Lüfte zu fliegen.

Warum dem Schicksal vertrauen?

Was man hier verstehen muß, ist, daß es *vielleicht* dein Schicksal ist, ohne Seelenpartner zu sein, wenn du nicht jetzt Verantwortung für deine Zukunft übernimmst! Warum also dein Leben dem Schicksal überlassen? Wenn du die Lektionen dieses Buches anwendest, wird es gewiß dein *Schicksal* sein, deinen Seelenpartner oder deine Seelenpartnerin zu treffen. *So sei es!*

Kapitel 31

# Handeln führt zu weiterem Handeln

Es ist ein allgemeingültiges Gesetz, daß du beobachten kannst, daß *Handeln weiteres Handeln nach sich zieht.* Der erste Schritt führt zum zweiten, der zweite zum dritten, u.s.w. ad infinitum. Ideen, die nur so im Raum stehen, sind nutzlos, wenn man nicht irgendwann etwas unternimmt, um sie in die Tat umzusetzen. Dein Wunsch, mit deinem Seelenpartner oder deiner Seelenpartnerin vereint zu sein, erfordert konzentriertes und weises Handeln.

In einer ausgedehnten Studie im Geschäftsbereich kam man zu dem Ergebnis, daß die erfolgreichsten Geschäftsleute der Welt spontane Entscheidungen treffen. Dann gehen sie ebenso rasch zum Handeln über, um die Entscheidung durchzuführen! Und sie kommen auch nicht von ihren schnellen Entschlüssen ab.

Wenn man auf dem Zaun sitzt und nicht weiß, ob hinüber oder herüber, dann fehlt einem offensichtlich die Entschlußkraft der Überzeugung. Wo soll bei einer so lauwarmen Entscheidung der notwendige Schwung herkommen?

Deshalb habe ich bereits mehrmals betont, daß dein schöpferisches Vermögen, deine Idee zu verwirklichen, nicht größer sein kann als deine Klarheit über das, was du erreichen willst. Wenn du dich in die Tiefen deines Seins versenkst, dann kommt deine Perspektive aus deinem weiten, allumfassenden und allwissenden Geiste.

Wenn du deinem Geist ohne Zögern folgst, dann bedeutet das, daß du selbst die Autorität bist – nicht das gesellschaftliche Bewußtsein oder irgendeine wie auch immer geartete äußere Autorität! Damit nimmst du deine eigene Macht wieder an dich, und das verleiht dir immer ein herrliches Gefühl der Kraft und Erfüllung. Dieses wunderbare und dynamische Gefühl der Erfüllung räumt auch mit den Geschichten des „Verlassenwerdens“ auf, die die meisten menschlichen Wesenheiten quälen.

Wenn du ohne Zögern deinem Geiste folgst, lebst du wirklich im Augenblick! Dein Geist kann sich in jedem Moment überallhin ausdehnen und die Antwort oder Lösung sehen, die du für eine bestimmte Frage brauchst. Sie fällt dir blitzartig ein, und dein Bedürfnis nach Wissen bleibt dadurch sehr gering. Du handelst ständig aus dem *Jetzt* heraus und folgst einfach immer ohne Zögern den Eingebungen deines Geistes.

Wenn du unmittelbare, spontane Entscheidungen triffst (und ihnen rasches, angemessenes Handeln folgen läßt), hat dein Ego keine Chance und auch nicht das Bedürfnis, sich dafür zu verteidigen. Du brauchst dich nicht mit archaischen Unsicherheitsgefühlen herumzuplagen. Wenn *du* ohne Zögern deinem Geiste folgst, dann lebst du in einem *sicheren* Universum.

Dein „Geist“ ist die absolute göttliche Essenz, der dynamische Lebensfunke im *Kern* deines Wesens. Je mehr du es dir zur Gewohnheit werden läßt, täglich von Moment zu Moment diesen göttlichen Funken an die Oberfläche deiner bewußten Realität zu bringen, umso mehr wächst deine persönliche Macht und dehnt sich aus, und um so leichter kannst du „augenblicklich“ manifestieren.

## Mehr über dein Bewußtsein

Das Bewußtsein läßt sich leicht und schnell darauf trainieren, das für dich zu tun. Es liebt aufregende neue Projekte – deshalb kannst du ihm die „Scherzaufgabe“ stellen, augenblicklich spüren zu lernen, was dein eigener göttlicher Geist in jedem Augenblick möchte! Dein Bewußtsein wird dir ein fähiger und bereitwilliger Diener sein – aber nur, wenn du es um Hilfe bittest! Gib ihm die Anweisung, ständig aufmerksam auf wichtige neue Botschaften deines Geistes zu lauschen – und folge dann diesen Botschaften ohne Zögern.

Es hat viele Vorteile, wenn dein Körper und Bewußtsein ohne Zögern deinen geistigen Eingebungen folgen. Ein ganz wichtiger ist der, daß du allmählich deine eigenen göttlichen Ziele lebst, anstatt sie in dir verborgen zu halten! Du als die äußere Persönlichkeit deines Geistes wirst lernen, deine heilige Göttlichkeit auszudrücken – als Vollzeit-Lebensstil! Nun bist du in Harmonie mit anderen wichtigen spirituellen Wesenheiten oder Gruppen, die auf natürliche Weise dir und deiner göttlichen Mission auf der Erde immer mehr Liebe und Unterstützung zukommen lassen.

An diesem Punkt unserer menschlichen Evolution wird der „Himmel" als eine Dimension außerhalb oder jenseits unserer irdischen Wirklichkeit betrachtet. Wenn genügend viele von uns ohne Zögern ihrem Geiste folgen, werden wir mit der Zeit auf unserem tanzenden blaugrünen Planeten, der eine so erstaunliche Vielfalt von Lebensformen enthält, buchstäblich einen „Himmel auf Erden" erschaffen.

Unsere herrliche Erde ist buchstäblich ein „Juwel" im Raum und wird von der riesigen „spirituellen Gemeinschaft", die sie begleitet und an ihrer Evolution beteiligt ist, mit Recht als solches angesehen. Du wirst unserer heiligen Erde noch mehr Licht und Schönheit bringen, wenn du ohne Zögern deinem Geiste folgst!

Du und dein Seelenpartner oder deine Seelenpartnerin sind hier, um gemeinsam den Himmel auf Erden zu erschaffen! Ihr beide seid nicht hier, um unwissenden und archaischen äußeren Autoritäten zu folgen. Ihr seid hier auf der Erde, um zu tun, was ihr tun wollt, und zu sein, wer ihr sein wollt!

Im universalen Schöpfungsprozeß werden sich bestimmte „Tore“ oder „Gelegenheitsfenster“ auftun, aber nur, wenn dein Geist sich ihrer bewußt ist. Dein Geist überbringt dir diese wichtige Botschaft ganz rasch. Wenn du jedoch so benebelt oder fasziniert von etwas bist, was jemand anderer dir vorschreibt, dann wird die Botschaft nicht wahrgenommen, und die einzigartige Konjunktion von Zeit und Raum oder der günstige Augenblick vergeht, und diese kostbare Gelegenheit ist verpaßt! Wenn du in Harmonie mit deinem Geiste bist, wird dein Leben besser. Wenn nicht, wird es schlechter!

Die alte Welt stirbt, und die neue ersteht jetzt langsam auf der Erde. Du hast die Wahl. Du kannst wählen, dich vor deinem Geiste zu „verschließen“ und mit der alten Welt zu verwelken und zu sterben – oder zu üben, dich zu öffnen und ohne Zögern deinem Geiste zu folgen!

## Wirklichkeit und Wahrheit

Inzwischen haben wir fünf oder sechs Milliarden menschliche Bewohner auf der Erde, und jeder von ihnen hat ein etwas anderes Bild von der Wirklichkeit. Manche haben ein sehr anderes Bild oder eine Realitätsverschiebung. *Realität* ist jedenfalls eine subjektive Anschauungssache! Deine Realität ist genau so, wie du sie wahrnimmst. Du lebst immer in ihr! Du kannst die Realität auch aus der Perspektive der Wahrheit betrachten. *Was ist die Wahrheit?* Die Wahrheit ist das Leben! Du lebst deine Wahrheit in deinem Bild von der Realität. Wahrheit, die nicht gelebt wird, hat keine faßbare Realität.

Wenn „deine Wahrheit“ (wie du sie siehst und lebst) dich stört, dann kannst du sie ganz leicht ändern! Du kannst sie genauso ändern wie ein Bild auf einem Bildschirm. Wenn das Bild eingestellt ist, verändert es sich, um der neuen Realitätsperspektive oder Wahrheit Platz zu machen.

Um dieses Prinzip umfassender oder universaler begreifen zu können, müssen wir genau aus der entgegengesetzten *Richtung* schauen. Anstatt in ein riesiges Universum „hinaus" zu blicken, mußt du deine Perspektive ändern. Verändere deine Identität so, daß du das ganze Universum *bist*, das auf dich herabschaut, anstatt verengt oder konzentriert durch einen winzigen Fleck oder Teil deiner selbst, *den du als dich kennst*, hinaufzublicken.

Dies ist auch ein gutes Spiel für *das Ganze universale Selbst*. Es kann durch das Schlüsselloch deiner winzigen menschlichen Perspektive blicken und einen sehr eigenartigen Blickwinkel, eine sehr spezielle Sicht *von sich selbst* bekommen! Das Universum kann sich auf dieselbe Weise von innen nach außen kehren und durch die Augen irgendeines anderen der fünf oder sechs Milliarden Bewohner oder durch alle oder irgendeine Kombination von zweien oder mehreren schauen und so eine recht spektakuläre Sicht erlangen. Dieses Spiel macht so viel Spaß, weil das ganze Universum natürlich auch durch irgendeine seiner Milliarden von Galaxien schauen kann oder durch irgendeine seiner Milliarden und Abermilliarden von lebenden Sonnen, oder in einem viel geringeren Fokus durch abermals Milliarden von lebenden Planetenkörpern innerhalb dieses gigantischen Universums.

Das Universum liebt jedes einzelne seiner Teilchen und Fleckchen. Es hat jedem Teilchen, vom kleinsten subatomaren, das die Menschen kennen, bis zum größten molekularen Atom (in menschlicher Terminologie Galaxie genannt) *Leben geschenkt!* Es ist gerne bereit und wartet nur auf die Gelegenheit, jedem Teilchen, das davon *fasziniert* ist oder *mehr* davon will, jede große oder kleine Menge Leben zu geben!

Jetzt, nachdem ich mir dieser „Spielregeln" auch bewußt bin, gefällt mir dieses Spiel ausnehmend gut! Es bedeutet, daß das

Universum, wenn es mich fasziniert und ich mich darauf konzentriere, meinen Geist auszudehnen und mehr zu wissen und zu verstehen, sich schnell so arrangiert, daß mein Universum sich erweitert. Dann sehe ich, fühle ich, kenne und lebe ich mehr Wahrheit!

Denk einmal darüber nach! Laß deine süße innere Essenz oder Seele sich für den Gedanken erwärmen. Du bist ein gesamtes Universum – und das gesamte Universum ist du! Das Unendliche, das so atemberaubend und ehrfurchtgebietend und in einer sternenklaren Nacht so herrlich schön ist, *bist du* – drückt sich als winziger einzelner Punkt in sich aus, den du als dich kennst – und natürlich als all die anderen kleinen oder großen „Zusammenziehungen" des *Universellen Selbst,* die sich als kleine und große *Punkte* in ihm ausdrücken. Jeder Punkt ist ein tief in ihm zentriertes Fenster reinen Lichts, durch das das Ganze Universum sehen oder lugen – oder auch strömen – kann, wenn in irgendeinem Punkt eine Veränderung gewünscht wird.

## Größe

Laß dich nicht von Größe einschüchtern. Größe *scheint* nur in unserer elektrischen Realität, die dem Prinzip der Anziehung und Abstoßung folgt, oder in unserer sehr verengten Wahrnehmung des Lebens und der Wahrheit von relativer Wichtigkeit zu sein. Selbst in diesem dualen Aspekt der Realität tragen die winzigsten Partikel des universalen Selbst die größte Bibliothek von Wissen und Macht in sich. Jede einzelne Zelle unseres menschlichen Körpers enthält alles Wissen aller „Zeiten" in sich. Deine eigene scheinbar einzelne Identität und Form als reines *Lichtwesen* ist ein Strahl oder eine Lichtfrequenz, *kleiner als eine Nadelspitze!* Es ist unglaublich, was für eine riesige Körpermasse du um diesen winzigen nadelspitzengroßen Kern dessen, was du wirklich bist, aufgetürmt hast. Du selbst hast dieser Masse ihre einzigartige Form und persönliche Identität gegeben, die du in diesem Augenblick kennst. Das Verhältnis deiner Körpermasse zu dieser winzigen, strahlend weißen Lichtwesenheit, die du in deinem Kern bist, ist ungefähr dasselbe, wie wenn deine menschliche Form sich plötzlich zur Größe des bekannten Universums ausdehnen würde. Deine Körpermasse ist im *Verhältnis* zur Größe deiner Lichtwesenheit sogar noch *größer* als unser Universum! Das macht dich wahrlich zu einem *großen Schöpfer* in jeder Bedeutung des Wortes.

Nun, da wir die Physik und die Mechanismen verstanden haben, wie und warum das gesamte Universum sich neu arrangiert, um unseren Bildern der Realität gerecht zu werden, wollen wir wieder zu dem zurückkehren, was uns persönlich am meisten interessiert und fasziniert.

Denk einmal darüber nach. Wenn du dich auf das *Gesetz des Mangels* konzentrierst oder scheinbar fasziniert davon bist, *wird das Universum sich so arrangieren, daß es deinem reduzierten Bild der Realität gerecht wird!* Es wird dir immer mehr von dem geben, worauf du dich konzentriert hast, einschließlich des Paradoxes von mehr Mangel!

Wenn du ein gutes geistiges Bild davon bekommen willst, dann stell dir dich selbst als das dünne Ende eines riesigen Trichters vor. Du bist unten an dem kleinen Loch des Trichters, und das Universum ist oben und schaut zu dir hinunter, um zu sehen, worauf du dich konzentrierst oder was dich fasziniert. Stell dir vor, daß Energie spiralförmig durch den Trichter hinunterfließt; die großen, universalen Spiralen werden mit jeder Runde in den Trichter hinunter enger, bis sie am Ausgang des Trichters eng in Masse und Form oder deine und meine dreidimensionale Realität zusammengepreßt werden. Das Universum ist grenzenlos und verschenkt seine Energien freizügig und ohne Werturteil an jeden „Teil" oder „Punkt" SEINER SELBST.

Wenn es sieht, daß dich Licht und große Fülle faszinieren, dann wird es sich so arrangieren, daß es diesem Bild der Realität entspricht! Wenn dich Dunkelheit oder dunkle Gedanken faszinieren und du dich darauf konzentrierst oder auf ständiges, ungemildertes Leid und unablässigen Kampf, dann wird sich das Universum so arrangieren, daß es diesem Bild der Realität entspricht! Aber wer braucht mehr von so etwas? *Hör auf damit!*

Gefällt dir dein jetziges Bild der Realität? Wenn nicht, dann schaff dir ein neues, und das Universum wird sich so arrangieren, daß es deinem Bild entspricht!

Dein Handeln zieht weiteres Handeln nach sich. Es führt auch zu einer entsprechenden und ebenbürtigen Reaktion! Dein Seelenpartner entspricht dir und ist dir ebenbürtig! Dein „Ruf" nach ihm oder ihr löst in ihm oder ihr eine Antwort aus und zieht euch so näher zueinander hin.

Ich würde vorschlagen, daß du dich sofort ans Werk machst!

Kapitel 32

# Starke Konzentration ist wesentlich

Angenommen, du hast dich entschlossen, dein Leben (zum Besseren) zu verändern, dann solltest du auch bei deiner Entscheidung bleiben. Um deinen Seelenpartner oder deine Seelenpartnerin und damit mehr Romantik und Abenteuer in dein Leben zu bringen, *bedarf es starker Konzentration.* Du mußt dazu alles praktische Wissen in dich aufnehmen und benutzen, dessen du habhaft werden kannst. Du kannst dich jetzt auf alle vorgeschlagenen Techniken dieses Buches stürzen, um bald deinen Seelenpartner oder deine Seelenpartnerin herbeizuziehen. Es liegt an dir!

Wir Menschen haben jedoch die unglückselige oder vorhersehbare Angewohnheit, in unseren eingefahrenen *Gleisen* steckenzubleiben oder es uns darin viel zu gemütlich zu machen. Unsere langweiligen alten, vertrauten und sicheren Alltagsabläufe zu verändern, erfordert bewußte Konzentration und hartnäckige Bemühung, aber unser *neues Selbstwertgefühl* und unsere *Erfüllung* lohnen die Mühe!

Deshalb bleibe unbedingt beharrlich! Bewahre dir eine ruhige und wache Klarheit über das, was du willst. Wenn du merkst, daß du auch nur ein wenig vom „Kurs“ abkommst, dann konzentriere dich wieder und gehe zügig voran. Sieh dich selbst als Torpedo (gefüllt mit explosiver Liebe)! Konzentriere dich oder schieße auf dein gleichermaßen und ebenso explosiv mit Liebe gefülltes Ziel, deinen Seelenpartner, zu und gehe davon aus, daß er oder sie dein wichtigstes Ziel ist.

Dies ist ein perfekter Vergleich, denn wir müssen uns genau so verhalten wie ein Torpedo. Wir müssen ständig von Zeit zu Zeit unseren Kurs justieren oder korrigieren oder unser Ziel „im Auge behalten".

Du und ich funktionieren ganz gleich. Es gibt so viele widersprechende Lebensströmungen, die täglich über uns hinwegrauschen, daß wir vielleicht vom Kurs unseres neuen Zieles abkommen. Deshalb müssen wir unsere täglichen Bewegungsmuster ständig wieder neu ausrichten, während wir unserem Ziel immer näherkommen und gespannt auf den liebevollen „Zusammenstoß" mit ihm warten! Die Explosion wird sich lohnen!

Ich habe auch schon vorgeschlagen, daß du dir, um begeistert und vertrauensvoll bei deiner Zielrichtung zu bleiben, die Erfolgsgeschichten anderer ansehen oder anhören oder darüber lesen solltest. In diesem Sinne möchte ich hier eine wirklich gute Geschichte erzählen, die ich aus erster Hand habe.

Ich lernte *Dr. Moore* durch einen Zuhörer kennen, der bei einer Konferenz in Los Angeles von meinem Wissen über die universellen Gesetze sehr beeindruckt war. Dieser Mann erzählte mir von einem befreundeten Arzt, der dieselben verblüffenden universellen Gesetze angewandt hatte, von denen ich gesprochen hatte, und wirklich *aus dem Nichts etwas manifestiert hatte!* Er fragte sich, ob ich Dr. Moore und seine Frau vielleicht gern kennenlernen wolle. Es fühlte sich richtig an, daher folgte ich ohne Zögern meiner inneren Eingebung und erlaubte meinem neuen Freund, ein Treffen bei Dr. Moore zu verabreden.

Ein paar Tage später befand ich mich also in der charmanten Gesellschaft Dr. Moores und seiner reizenden und sehr hilfreichen Gattin. Das Vergnügen war ganz auf meiner Seite. Wir fühlten uns alle drei sofort körperlich und spirituell zueinander hingezogen!

Nach ein paar freundlichen Begrüßungsbemerkungen über die Familie begannen wir über unsere gemeinsame Liebe zu den unveränderlichen Gesetzen der Schöpfung zu sprechen. Dr. Moore zeigte auf ein Seitenfenster und fragte mich, ob ich beim Hereinkommen das große und sehr schöne zweistöckige Appartmenthaus gesehen hätte, das neben ihrem stand. Lächelnd verkündete er, er und seine Frau seien die Besitzer dieses Hauses, es sei frei von Hypotheken, und sie hätten es tatsächlich manifestiert, *ohne einen Pfennig dafür auszugeben*!

Meine Augenbrauen gingen hoch. *„Erzählen Sie mir mehr darüber"*, bat ich, bei dem faszinierenden Gedanken übers ganze Gesicht lächelnd.

Schmunzelnd berichtete Dr. Moore, wie diese große „Zauberei" zustandegekommen war. Er hatte mit seiner Frau an einem Wochenendseminar mit *Neville*, einem höchst verehrten und liebenswürdigen älteren Lehrer der Metaphysik, teilgenommen, der inzwischen wie mein Bruder Rich „in die Freiheit gegangen" ist und unsere dreidimensionale Welt hinter sich gelassen hat.

Neville lehrte immer sehr gut über „das Mysteriöse" und betonte die ehrfurchtgebietende Macht des universellen Gesetzes. Er erklärte, daß jedes einzelne bekannte (und unbekannte) Ding im Universum zuerst eine Idee war. Neville lehrte sein fasziniertes Publikum auch, daß *Ideen* Realität erschaffen und daß Geld nicht notwendig sei, um seine Ziele zu verwirklichen! Er versicherte ihnen, sie könnten alles haben, was sie wollten – *ohne daß es sie einen Pfennig kostete* – vorausgesetzt natürlich, daß sie mit Ausdauer täglich die schöpferischen Prinzipien anwandten, die er sie lehrte.

Das beschäftigte Dr. Moore und seine Frau sehr. Sie sprachen darüber und beschlossen, auszuprobierem, ob sie ihr hartverdientes Geld für Nevilles Vorträge nicht verschwendet hatten! Sie machten sich einen Plan. Die starke Konzentration und die täglichen Visualisierungen würden natürlich wirklich keinen Pfennig kosten, und er und seine Frau konnten die Materialisierungstechniken ohne weiteres befolgen.

Sie einigten sich auf ein Projekt und verwandten ihre Zeit, ihre Mühe und ernsthafte Überlegungen darauf. Dr. Moore stand vor der Pensionierung und sie würden bald ein zusätzliches Einkommen brauchen. Das leere Grundstück an der Ecke nebenan gehörte ihnen bereits, daher beschlossen sie, mit den gelernten Prinzipien von ihrem gegenwärtigen Standpunkt auszugehen. Sie begannen gemeinsam, sich ganz klar auf dem benachbarten Eckgrundstück, das ihnen gehörte, ein hübsches, großes Appartmenthaus auszumalen – *und daß es sie keinen Pfennig kosten würde!*

Um sich *gemeinsam* über ihre Vorstellungen klar zu werden, zeichneten sie eine Skizze, wie das neue Appartmenthaus neben ihnen aussehen sollte, und legten beide ihr gemeinsames Ziel *schriftlich* fest!

Sie beschlossen, die Visualisierungsübungen untereinander aufzuteilen, um ihnen mehr persönliche und gleichzeitig multiplizierte Kraft zu verleihen. Sie wollte sich ausmalen, wie sie sich mit der inneren und äußeren Farbgebung beschäftigte, wie sie die Wohnungen ausstattete, das allgemeine Aussehen in der Landschaft einplante und insgesamt innen und außen die künstlerische Gestaltung überwachte. Er wollte sich vorstellen, wie er die Wohnungen annoncierte, Mietschecks einnahm und sie auf die Bank brachte, und auch wie er den Bau in seinen technischen Einzelheiten überwachte.

Dr. Moore hielt inne, um mit sichtlicher Genugtuung zu bemerken, daß ich mit tiefstem Interesse zuhörte. Er sagte, sie hätten etwa drei Wochen lang regelmäßig über das Projekt meditiert und es sich vorgestellt, als eines Morgens ein lautes Klopfen an der Eingangstür ertönte. Als sie aufmachten, stand draußen ein kräftiger Mann in Arbeitskleidung, der sich lächelnd vorstellte und fragte, ob er einen Augenblick hereinkommen könne. Er sagte, er führe nun schon seit ein paar Wochen auf dem Weg zu seiner Arbeitsstelle in der Nähe immer an dem leeren Eckgrundstück vorbei und hätte schließlich herausgefunden, daß sie die Besitzer seien. Er meinte, es sei ein ideales Grundstück für ein großes Appartmenthaus. *Klick!*

Dr. Moore und seine Frau grinsten sich zu. Offenbar war etwas im Gange! Der Bauunternehmer meinte, die Baukosten würden durch riesige und sichere Mieteinnahmen gedeckt werden. Er fügte hinzu, daß er ein in der Gegend wohlbekannter Bauunternehmer sei und gerne bereit, ihnen einige andere Mietshäuser in der Nähe zu zeigen, die er gebaut hatte.

Dr. Moore hörte den Darstellungen des Unternehmers aufmerksam zu, unterbrach ihn aber schließlich höflich mit den Worten, daß er und seine Frau wohl interessiert seien und bereits *ein Mietshaus auf ihrem Eckgrundstück hatten stehen sehen,* daß sie aber keinen Pfennig Geld dafür ausgeben würden!

Der Bauunternehmer war von dieser energischen Erklärung zunächst vor den Kopf gestoßen, fing sich aber wieder und fuhr fort, die „Dollar-und-Cent-Weisheit" seines Vorschlags auszubreiten. Dr. Moore versicherte dem verwirrten Mann erneut, daß ihr Standpunkt für sie ganz klar sei, und geleitete den Mann höflich zur Tür.

Als er gegangen war, fielen Dr. Moore und seine Frau sich jubelnd in die Arme und sprachen aufgeregt darüber, wie offensichtlich etwas Positives „in der Luft lag" und wie wunderbar das alles wirkte. Sie beschlossen sofort, noch öfter und noch intensiver zu visualisieren.

Eine Woche später, etwa um dieselbe Zeit am Morgen ertönte das Klopfen an der Tür wieder. Herein trat ein über das ganze Gesicht strahlender Bauunternehmer.

„Sie haben wirklich Glück!" verkündete er. „Ich habe mit meinem Kreditinstitut gesprochen, und sie sind bereit, das ganze Geld vorzustrecken, wenn sie nur symbolisch ein paar tausend Dollars beisteuern wollen, damit sie wissen, daß Sie wirklich an dem Bau interessiert sind!"

„Sehr schön," sagte Dr. Moore, „aber wie Sie sich vielleicht erinnern, haben wir Ihnen von Anfang an gesagt, daß wir kein Interesse haben, auch nur einen Pfennig für das Gebäude auszugeben, und das meinen wir auch so!"

Dr. Moore grinste mich an: „Er konnte nicht glauben, daß wir so ein günstiges Angebot ausschlugen. Er kriegte fast keine Luft mehr. Er diskutierte eine Weile laut", fuhr er fort, „und dann schien ihm plötzlich etwas einzufallen."

„Ich hab eine Idee", sagte er. „Ich hab's, wie das gehen kann. *Es wird Sie keinen Pfennig kosten, das Gebäude hinzustellen!* Ich habe etwas Geld übrig. Ich leihe Ihnen das Geld vorab und behalte mir einfach eine zweite Treuhandüberschreibung!"

Er erklärte uns des weiteren, daß unsere Mieteinnahmen, wenn weniger als fünf Prozent der Wohnungen leerstünden, die monatlichen Zinsen auf beide Darlehen mehr als decken würden und sehr wahrscheinlich noch mehr einbringen würden! Neville wußte, wovon er sprach!" Dr. Moore nickte bekräftigend mit dem schneeweißen Haupt.

„Ich sagte: 'Jetzt kann man mit Ihnen reden, Mr. Albright. Also los!'"

Er machte eine Pause und meinte dann augenzwinkernd: „Er brachte die Sache in Gang – aber wir mußten noch eine weitere Hürde nehmen!"

„Was war das?" fragte ich, völlig *hingerissen* von ihrer wunderbaren Erfolgsgeschichte.

„Nun ja, nach drei, vier Tagen hören wir wieder ein lautes Klopfen an der Tür. Wir wußten schon, wer es war!"

„Dr. Moore", sagt er, „ich brauche noch fünfhundert Dollar für Ihre Baupläne von Ihnen, bevor ich weitermachen kann."

„Wir schauten uns an, meine Frau und ich, und wir waren uns völlig einig. Ich sah ihm in die Augen und sagte: 'Wie Sie wissen, Mr. Albright, und ich habe es schon mehrmals gesagt und werde es noch einmal wiederholen, werden wir keinen Pfennig für dieses Projekt ausgeben! Sonst wird es eben nichts', fügte ich hinzu."

Dr. Moore beschrieb den Ausdruck schierer Verblüffung auf dem Gesicht des armen Mr. Albright mit selbstgefälligem Staunen.

„Er wurde erst weiß und dann rot – und sagte eine ganze Weile gar nichts."

„Keiner von uns sprach ein Wort", warf Mrs. Moore vergnügt ein.

„Und dann kam ihm plötzlich noch eine tolle Idee!" fuhr Dr. Moore fort.

'Zeigen Sie mal den Entwurf des Gebäudes', sagte der Bauunternehmer. Mrs. Moore holte ihn, und er studierte ihn einen Augenblick lang, und dann strahlte er. 'Kein Problem', sagte er. 'Ich habe vor ein paar Jahren ein Haus gebaut, das fast genauso aussieht wie dieses! Wir brauchen nur hier und da ein paar Striche zu ändern. Ich bin sicher, es wird genehmigt!' Natürlich stimmte ich zu. Und da steht das Haus! Genau wie Neville sagte, *es hat uns keinen roten Heller gekostet!*"

Bevor ich mich von diesem reizenden Ehepaar verabschiedete, erfuhr ich noch, daß sie viel weniger als fünf Prozent der Wohnungen leerstehen hatten, so daß die gesamten Kosten *sich schnellstens amortisiert hatten!* Das gab zusätzliche Mieteinnahmen für die Steuern und die nötigen Unterhaltsarbeiten und außerdem konnten die Darlehen schneller abbezahlt werden und waren jetzt voll getilgt!

Dr. Moore erzählte mir, daß die Neugier ihn getrieben habe, sich mit anderen Freunden in Kontakt zu setzen, die bei Nevilles Seminar gewesen waren. Fast jeder von ihnen, sagte er, hätte ebenfalls mit Hilfe der Prinzipien Nevilles seine unmöglichsten Träume verwirklicht.

Hier ist noch eine weitere Erfolgsgeschichte, die entstand, als ich einer Mutter und ihren vier Kindern, die an einem meiner

Wochenendseminare in Florida teilnahmen, von Dr. Moores Erfahrungen erzählte.

Die Familie war bettelarm. Sie lebten alle aus einem Auto und besaßen keinen Pfennig. Als mein Sponsor mir von ihrem Elend erzählte, kaufte ich ihnen eine Tüte Lebensmittel und lud sie zum Seminar ein.

Um es kurz zu machen: Sie besaßen innerhalb einer einzigen Woche (*ebenfalls ohne einen Pfennig dafür auszugeben)* ihr eigenes Haus. Es war voll bezahlt! Ich wurde als königlicher „Ehrengast" zu einem Spaguettiessen eingeladen. Wir saßen alle auf dem Boden, denn Möbel waren *noch* nicht manifestiert worden! Ich glaube, ich war genau so begeistert über ihre phantastische Materialisierung wie sie selbst!

Für gewöhnlich lernen wir durch unsere eigenen Erfahrungen am besten. Eine letzte wahre Erfolgsgeschichte soll noch einmal verdeutlichen, daß du genau wissen mußt, *was* auf deiner Wunschliste ganz obenan steht. Es ist meine eigene Geschichte.

Ich war ein paar Jahre lang Liedermacher und kämpfte mich so durch's Leben, entschlossen, genau das zu tun oder gar nichts! Ich war bitter arm, hatte kaum genug zum Überleben. Ich wohnte in einem winzigen Pensionszimmer, das ich durch gelegentliche kleine Jobs als Möbelpacker bezahlte.

Eines Tages, nachdem ich mehrere Tage lang isoliert in meinem Zimmer gesessen und mich gräßlich gefühlt hatte, mußte ich plötzlich augenblicklich hinaus und spazierengehen. Zu meiner großen und angenehmen Überraschung kam plötzlich *Jerry* auf mich zu! *Es gibt keine Zufälle!*

Jerry und ich waren uns einige Jahre zuvor begegnet, als ich in einem verlassenen Haus in Hollywood gewohnt hatte; damals standen wir beide im Regen und suchten ein Dach über dem Kopf. Wir waren sofort Freunde. Wir hatten beide inspirierende Bücher gelesen wie *Die Macht des Positiven Denkens* von Norman Vincent

Peale oder *Denke und werde reich* von Napoleon Hill, und obwohl wir beide hungrig und abgebrannt waren, hatten wir nächtelang darüber geredet, wie wir (irgendwann in einer nebulösen Zukunft einmal) „groß herauskommen“ würden. Jetzt sah es so aus, als ob Jerry es geschafft hätte! Er war von Kopf bis Fuß „durchgestylt“ – teurer Anzug, teure Schuhe, perfekter Haarschnitt.

Jerry freute sich wie ein Schneekönig, mich zu sehen. Nachdem er entdeckte, daß ich immer noch kaum genug zum Leben hatte, fragte er, ob er mit mir nach Hause kommen und mich ein bißchen besuchen könne. Natürlich wollte ich das gern. Ich sagte ihm jedoch, er müsse darauf gefaßt sein, auf dem Bett zu sitzen, da in dem Zimmer kein Platz für einen Stuhl war. Jerry folgte mir in weiser Stille.

Als wir in meinem „Quartier“ anlangten, setzte sich Jerry hin und war sichtlich schockiert! Er sagte mir, daß ich ein zu wichtiger Freund für ihn wäre, als daß er mich mein Leben in solch elender Armut zubringen lassen könne! Dann bat er mich um Papier und Bleistift – davon hatte ich jede Menge! Er nahm ein Blatt und den Bleistift und gab sie mir. Er sagte, ich solle eine Liste der Dinge erstellen, die ich mir wirklich und wahrhaftig *am meisten* im Leben wünschte!

Da Jerry erfolgreich gewesen war, stimmte ich demütig zu. Ich wußte genau, was ich wollte, also machte ich meine Liste. In etwa einer Minute wollte Jerry die Liste sehen. Ich war zwar noch nicht ganz fertig, aber ich gab sie ihm.

„Du machst das falsch, Michael“, sagte er.

„Was soll das heißen, ich mache es falsch?“ protestierte mein Ego!

Jerry ignorierte mein Ego und meinte, das, was ich mir *am meisten* wünschte, müsse oben auf der Liste stehen. Es sei nicht etwas, das ich mir langsam und ausdauernd, einen mühsamen Schritt nach dem anderen – erarbeiten müsse! Er sagte, ich solle es nur oben auf die Liste setzen, wenn ich es mir so sehr wünschte, daß ich es schmecken könne! Er empfahl mir, eine ganz neue Liste zu schreiben, und *das erste an die erste Stelle* zu setzen!

Plötzlich ging mir ein Licht auf! Mir wurde blitzartig klar, wieso ich meinen ersehnten materiellen Erfolg nicht erreicht hatte. In aller Unschuld hatte ich den archaischen „Arbeitsethos" des Planeten übernommen, daß Erfolg nur durch harte Arbeit zu erreichen ist, daß wir uns von A nach B und von B nach C u.s.w. voranarbeiten müssen, anstatt im Geiste sofort nach Z (zu unserem großen *unmittelbaren* und gewünschten Ziel) zu gehen!

Ich zerknüllte die alte Liste, warf sie in den Papierkorb und nahm mir ein neues Blatt Papier. Ich wußte mit dem machtvollen „ich schmecke es schon"-Gefühl, was die ersten drei Wünsche auf meiner Liste sein würden! Ich wußte genau, was der erste war, was der zweite und was der dritte! Ich machte weiter bis Nummer *sieben* und hörte dann auf.

Jerry wollte meine neue Liste nicht sehen. Er wußte, wie wichtig es ist, „Stille zu bewahren". Wir trennten uns, und ich habe ihn seitdem nicht gesehen. Wenn du das zufällig liest, Jerry, mein lieber hilfreicher Freund, *danke*, und bitte nimm durch den Verleger Kontakt mit mir auf!

Alles Übrige ist Geschichte! Die ersten drei Ziele, die ich aufschrieb, hingen eng miteinander zusammen. *Alle drei verwirklichten sich binnen drei Monaten!*

Nummer eins auf meiner Liste war: ein eigenes Heim. Nummer zwei war ein Cadillac! Nummer drei war ein Beruf oder Job, der mir das Geld für mein Heim und meinen Cadillac einbrachte und genug Geld, um vernünftig mein Leben genießen zu können und zu tun, was ich wollte.

Ich füge hinzu, daß die Wünsche Nr. 4 bis 7 nicht den nötigen „Saft" oder die nötige Intensität hatten, um sich zu verwirklichen.

Dank *Jerry, Neville*, Rich und vieler anderer Vorbilder und guten Lehrer ist mein Leben seither voller Abenteuer, Erfüllung und Überfluß gewesen!

Ich hoffe, diese Erfolgsgeschichten, die ich gerne erzählt habe, werden dich inspirieren und motivieren, deinen Seelenpartner oder deine Seelenpartnerin anzuziehen. Bleib auf dem Kurs! Laß deine kostbaren Träume wahr werden!

*Aber Vorsicht:* Versuche lieber nicht, zwei große Träume auf einmal zu verwirklichen! Das funktioniert nur, wenn sie eng miteinander zusammenhängen, so wie meine.

Nimm den größten, erstrebenswertesten Traum von deinem Seelenpartner oder deiner Seelenpartnerin und konzentriere dich ausschließlich darauf, bis er Wirklichkeit wird. Dann kannst du zum nächsten Traum übergehen, nicht vorher!

Dein nächstes „Weltbild" wird etwas ganz anderes sein, als was du dir ursprünglich gewünscht hast. Wenn du das Universum umkrempelst, krempelt es dich um! Das nennt man Wachstum oder Evolution!

Unnötig zu sagen, daß keine der hier erzählten Erfolgsgeschichten ohne meine oder der beschriebenen kreativen „Träumer" oder Schöpfer starke und hartnäckige Konzentration hätte geschehen können. *Konzentration* ist wesentlich, um Erfolg zu haben!

Die Konzentration deiner Gedankenkraft in eine Richtung sendet einen Strom oder Pfad deiner einzigartigen Lichtfrequenz aus, die hinter dem Gedanken her zu dem erstrebten Ziel zieht. Gedankenkraft ist eine augenblicklich wirksame Kraft! Sie ist nicht von Zeit und Raum begrenzt! Licht muß sich an die Gesetze des elektrischen Universums halten. Es hat eine bekannte, wissenschaftlich gemessene Reisegeschwindigkeit.

Die Lichtgeschwindigkeit ist sicherlich sehr schnell, über 186 000 Meilen pro Sekunde, aber die Geschwindigkeit der Gedanken ist noch schneller. Ein Gedanke von dir an den Mond, und dein

Bewußtsein ist augenblicklich dort! Natürlich folgt ein Faden deiner Lichtwesenheit deinem Gedanken. Dieser Lichtstrahl wirkt wie ein Weg, buchstäblich eine Bahn, auf der die Energie in beide Richtungen fließen kann, von dem Pol auf dem Mond zu dem Pol in dir oder andersherum. Deshalb bauen deine intensiven Gedanken und Gefühle einen erleuchteten Weg und eine mentale Kommunikation zwischen dir und deinem Seelenpartner und umgekehrt.

Konzentration ist wesentlich. Wenn du dich also auf dein Bild deines Seelenpartners konzentrierst, dann mache dein Bild so detailliert und vollständig wie möglich. Wenn du ihm mehr Substanz oder Masse verleihst, wird es auch magnetischer.

Beim Radio oder Fernseher drehst du den Knopf, um genau den „Kanal" oder die Wellenlänge hereinzubekommen, *die du willst!* Du drehst den Knopf nicht wie ein *Glücksrad*! Du konzentrierst dich darauf, den genauen Sender hereinzubekommen. In diesem Falle kommt der „Sender", den du „einstellst", in der so angenehmen und so ersehnten Form deines Seelenpartners.

Ich schlage vor, daß du ihm oder ihr täglich eine Botschaft sendest. Konzentriere dich zuerst auf ihn oder sie, entspanne deinen Körper und deinen Geist und taste dich sozusagen innerlich zu der zärtlichsten Stelle hin, die du in dir finden kannst. Dann laß ganz sanft den sinnlichen „Ton" und das anziehende Bild deines Partners oder deiner Partnerin in diesen Raum fallen und halte dieses angenehme Bild und diesen süßen Ton ein paar Sekunden lang aufrecht.

Sage ihm oder ihr während dieser täglichen „Sendezeit" genau, wo du dich befindest, die Stadt, das Land, wo du im Augenblick lebst. Erkläre im Geiste mit großem Gefühl, daß du möchtest, daß er oder sie „hier" oder „dort" (bei ihm oder ihr) mit dir in einer wunderbaren und liebevollen Seelenpartnerschaft zusammenfindet! Du brauchst dazu nicht mehr als fünf Minuten. Du kannst das so oft am Tage tun, wie du möchtest. Danach fährst du ganz normal mit dem fort, was du gerade tust.

Meine Seelenpartnerin hörte meinen „Ruf" und fühlte sich so stark angezogen, daß sie sogar von Europa herüberkam, um hier in den Vereinigten Staaten mit mir zu „verschmelzen". Das kannst du auch!

Um deinen Wunsch zu „untermauern" und zu festigen, kannst du dir im Geiste vorstellen, wie ihr zusammen ins Kino geht oder wunderschön zum Essen oder irgend etwas Besonderes zusammen tut oder einen besonderen Platz aufsucht – etwas oder einen Ort, den du gern mit deinem „ganz besonderen Menschen" teilen möchtest. Halte deinen atemberaubenden Partner oder deine süße Partnerin im Geiste in den Armen, spüre die Ekstase eurer vereinigten Körper.

Die Kunst, dich zu konzentrieren, ist in jeder Lebenslage gut zu gebrauchen, deshalb möchte ich dir die leichteste Konzentrationsübung zeigen, die ich kenne. Jeder kann das! Du kannst sie mit anderen machen oder auch allein.

Zünde eine Kerze an, ziehe die Vorhänge zu oder mache das Licht aus und sitze mit geradem Rücken in einem bequemen Stuhl. *Konzentriere* jetzt all deine Aufmerksamkeit auf die oberste Spitze der Kerzenflamme. Halte deine Konzentration so lange du kannst fest darauf gerichtet. Laß dich durch kein Geräusch und keine Bewegung im Raum von deiner festen Konzentration abbringen.

Es funktioniert am besten, wenn du die Kerze auf Bücher oder sonst eine hohe Unterlage stellst, so daß die Spitze der Flamme, wenn du auf dem Stuhl sitzt, in gleicher Höhe ist wie deine Augen. Ich habe mit einer riesigen Gruppe von über tausend Menschen gearbeitet, die es schafften, sich *eine Stunde lang* stark und beinahe ununterbrochen auf dieselbe Kerze zu konzentrieren! Selbst das Bedürfnis des Lidschlags läßt sich mit etwas Übung meistern. Du brauchst dich jedoch keine ganze Stunde lang zu konzentrieren – es sei denn, du willst es. Gewöhnlich erwirbst du mit fünf bis zehn Minuten intensiver und ununterbrochener Konzentration zwei bis dreimal in der Woche, und das mehrere Wochen lang, *eine phantastisch starke Konzentrationskraft.*

Wenn es dir ernst damit ist, deinen Seelenpartner oder deine Seelenpartnerin zu manifestieren, dann befolge diese Techniken, ob du sie verstehst oder nicht. Aber du mußt sie *anwenden,* damit sie wirken!

Stecke den Zündschlüssel ins Schloß, lasse den Motor an, tritt auf's Gas und steuere deinem Ziel zu! Du brauchst nicht zu wissen, was die Zündkerzen und die Kolben tun oder wie die Maschine mit der Übersetzung verbunden ist (damit die Räder sich bewegen und dein Auto sich in Bewegung setzt). Benutze die Techniken in diesem Buch. Sie sind dein „Zündschlüssel", um deinen Seelenpartner zu dir zu bringen – *den Rest übernimmt die Natur!* Es ist keine Arbeit – es macht Spaß! Genieße also die Erfahrung.

*Dein Seelenpartner – ruft nach dir!* Du weißt, wie du zurückrufen kannst! Auf die Plätze, fertig, los!

Kapitel 33

# Die wahre Seelenpartner-Ehe

Lange Zeitalter hindurch hat unsere menschliche Kultur auf Erden den Mythos und unser unwissendes menschliches Gesetz aufrechterhalten, daß „staatlich" geschlossene Ehebande nicht gebrochen werden dürfen, es sei denn, durch bestimmte gesetzliche Regeln von Kirche und Staat. Dieses engstirnige Denken hat eine unglückliche Ehe nach der anderen hervorgebracht.

Viele der „Gefangenen einer Ehe" solcher Art entwickeln mit der Zeit anstelle von Liebe und Achtung Verachtung und Haß für ihre Ehe"partner". Beide fühlen sich schließlich in einem gefängnisartigen, lieblosen, elenden und deshalb unerfüllten Leben miteinander gefangen! Für dieses traurige menschliche Dilemma gibt es verschiedene Gründe.

Die Erinnerungen an vergangene tödliche, lebenslange „Ehen" sind in unserer DNS und unseren Genen noch sehr lebendig. Diese alten chemischen „Auslöser" feuern noch immer bittere Gefühle und Erinnerungen durch unsere Neuronen. Sie bringen wütenden emotionalen Aufruhr in unsere jetzigen Ehen.

Auch lädt die Gesellschaft uns jede Menge Schuldgefühle auf, wenn wir auch nur daran zu denken wagen, unsere Ehe zu beenden. Scheidung galt immer schon als „Tabu" oder jedenfalls eindeutig als schockierende und gesellschaftlich anstößige Verhaltensweise. Wenn wir heiraten oder uns scheiden lassen, unterstehen wir also zwangsweise einer strengen gesellschaftlichen, religiösen oder staatlichen Kontrolle, und das hat mit *wahrer Ehe* nicht das geringste zu tun!

Fast alle biologischen oder „nur staatlich" geschaffenen Ehen „auf dem Papier" scheitern aufgrund der falschen Vorstellungen und unvernünftigen gesellschaftlichen Erwartungen, die die Ehepartner aufeinander projizieren! Kein Ehepartner könnte je den Bildern eines „richtigen Ehemannes" oder einer „richtigen Ehefrau" gerecht werden, die von ihm oder ihr verlangt werden. Es entsteht daher ein ganz natürlicher Ärger oder Groll darüber, daß das Ideal nicht aufrechterhalten oder überhaupt jemals erreicht wurde!

Wie könnte es auch? Das Bild war ein Bild des sich sehnenden Partners. Da ihm das meiste fehlte, was er sich in diesen hohen Erwartungen vorstellte, und auch meist keine bestimmten persönlichen oder spirituellen Bilder hatte, wäre die Ehe bald zum Scheitern verurteilt. All das glitzernde Beiwerk ist nicht real. Selbst unsere Ehezeremonie stellt einen König und eine Königin in ihren Prunkgewändern dar, die in großer, heiliger Feststimmung zusammengefügt werden. Das ist sicherlich sehr romantisch, aber die Romanze oder Phantasie hält nur solange an, bis man kummervoll entdecken muß, daß all die gesellschaftlichen und persönlichen „Bilder" (und Erwartungen) einer Ehe nicht – und niemals – erfüllt werden!

An diesem Punkte werden oft, anstatt auseinanderzugehen – obwohl beide Partner froh wären, ihrer staatlich erschaffenen und auf dem Papier niedergelegten Ehegelübde ledig zu sein –, hastig zahlreiche dramatische reale persönliche oder wirtschaftliche Probleme erschaffen, um die Ehe vorzutäuschen oder zu untermauern. Die neuen Kampfthemen, die beide Partner zwingen, die Ehe anmutig (oder auch weniger anmutig) aufrechtzuerhalten, sind zum Beispiel Kinder, Krankheiten, Unfälle oder eine finanzielle Belastung nach der anderen. Dies führt natürlich zu einer sehr langweiligen und *belastenden* Ehe – nur von künstlichen Gründen zusammengehalten und *nicht von echter Liebe!*

Irgendwann *stumpft* einer der Partner einfach ab – oder auch beide. Die „Ehe" ist jetzt eine völlig leblose Angelegenheit, und beide Ehepartner sind auf traurige Weise in dieser *unheiligen* Allianz eingesperrt.

Glücklicherweise ändern sich die Zeiten, und viele Pionierseelen sind aus schlecht gewählten Ehen ausgebrochen. Sie trennen sich oder lassen sich scheiden, anstatt ihr Leben völlig in einer falschen Vorstellung oder in absolutem Mangel an spiritueller und sexueller Erfüllung zu vergeuden. Die Gesellschaft muß aufhören, immer wieder dieselben sinnlosen Bewegungen herunterzuleiern. Tritt einfach heraus! Lebe dein Leben, was immer du tust, mit wem immer du zusammen bist, in Freude und Leidenschaft!

## Wahre Ehe

Wahre Ehe hat nichts mit irgendwelchen Verträgen oder Zeremonien, mit Papierkram oder einer staatlichen und kirchlichen Zustimmung zu tun. Eine wahre Ehe entsteht ganz natürlich und besteht durch die *Schwingung!* Wahre menschliche Ehebande existieren in der Natur, wenn sexuelle Partner in derselben Frequenz oder Wellenlänge *miteinander pulsieren.* Die beidseitige und von Natur aus synchrone Vereinigung allein bildet eine Ehe zwischen Seelenpartnern! Ehe ist eine heilige spirituelle und körperliche Vereinigung zwischen zwei Menschen, kein Gefängnis, das man sich mit einem Zellgenossen teilen muß! Jedermann wird wohl eine Seelenpartner-Ehe einer Zellgenossen-Ehe vorziehen!

Die meisten Menschen, die sich in eine Ehe stürzen, tun es deshalb, weil sie vom *Gesetz des Mangels* ausgehen, das die „materiellen Werte" ihrer Gesellschaft propagieren. Außerdem wird Liebe mit Sex gleichgesetzt, so daß der oder die normale Heiratswillige sich gezwungen fühlen wird, diese Art von Liebe durch die sexuelle Verbindung mit seinem oder ihrem Partner zum Ausdruck zu bringen.

Männer sollen jedoch keine Männer und Frauen keine Frauen lieben, sondern jeweils nur jemanden des anderen Geschlechts. Daher begibt sich das Individuum, das sich nach biologischer und spiritueller Bestätigung sehnt, nach vielen sexuellen Mißverständnissen, viel Spannung und Selbstunterdrückung *erwartungsvoll* in eine „staatlich bestätigte" Ehe, in der es sich von der Gesellschaft gesegnet fühlt und offenbar das „Richtige" oder „Gute" tut!

Diese Art von Mensch hat niemals ihren eigenen Wert oder die Kunst, sich selbst zu würdigen, kennengelernt. Er oder sie ist wie ein kleines Kind, das auf einen Bonbonladen losgelassen wird: es stopft sich alles in die Taschen, weil es noch nie Bonbons haben durfte. Wenn es in einem Bonbonladen aufgewachsen wäre, würde es sich aus Bonbons nicht so viel machen. Genauso wäre Sex in einer Gesellschaft, in der man den Unterschied zwischen Liebe, Sex und Selbstwürdigung lernte, nicht so eine „große Sache". Sie würde in gegenseitigem Einvernehmen in passender Dosierung für jeden Menschen als biologische „Medizin" benutzt. Da jeder Mensch verschieden ist, wird jeder Einzelne beschließen oder lernen, was für ihn am besten ist. Was für den einen eine Überdosis bedeutet, ist für den anderen vielleicht gerade eine „Vorspeise". Wer kann darüber urteilen? Nur man selbst! Von anderen ist kein richtiges oder falsches Urteil erforderlich.

Wenn Kinder lernen, Charakter wertzuschätzen und mit anderen zu teilen, werden sie zu charakterstarken Erwachsenen heranwachsen, die auch mit anderen teilen und ihnen ihre Freiheit lassen.

Diesem guten Charakter folgend kann dann eine Ehe eingegangen werden, in der es normal ist, sich mit dem Partner auszutauschen und alles mit ihm zu teilen. Die Partner können einander Spiegel ihrer Göttlichkeit sein und werden doppelt schnell geistig wachsen. In diesem Falle ist ihre Ehe eine wahre, heilige und gesegnete Ehe, die auch ohne Zweifel von Dauer sein wird.

Im Gegensatz zu dem, was die Gesellschaft im allgemeinen glaubt, ist einer kirchlichen oder auf andere Weise menschlich geschlossenen Ehe nicht unbedingt Dauerhaftigkeit bestimmt! Selbst eine Ehe zwischen Seelenpartnern hält nicht unbedingt ewig! Eine wahre Ehe oder eine Verbindung zwischen Seelenpartnern hält nur so lange, wie beide Partner auf derselben Schwingungsfrequenz sind *und in dieselbe Richtung gehen!*

Wahre Ehepartner oder Seelenpartner müssen sich ständig darum bemühen, ihre Beziehung frisch und neu zu erhalten. Dann ist ihre heilige Ehe ein Vergnügen, keine Arbeit! Beide Partner müssen sich öffnen, müssen bereit sein, intim miteinander zu teilen und spirituell nackt und verletzlich voreinander zu sein. Eine wahre Ehe ist wie ein starker und gesunder Rosenbusch, der ständig neue Knospen ansetzt, die sich zu wunderschönen, duftenden Blüten entfalten. Es ist viel Pflege und Arbeit an sich selbst erforderlich, um in einer wahren Ehe über die Jahre immer neue Knospen und schöne neue Blüten hervorzubringen – aber es ist möglich. Dann wird diese sorgfältig gepflegte echte Ehe voller Freude sein und lange halten.

Eine wahre Ehe ist eine des Teilens, des Gebens und der ständigen Liebe. Diese Liebe wird keine Liebe sein, die an Bedingungen geknüpft ist, sondern wirklich bedingungslose Liebe, eine Liebe, die dem Partner die Freiheit läßt, nach eigenem Wollen zu kommen oder zu gehen, ohne sich davon bedroht zu fühlen.

Wenn einer der beiden Partner seine Schwingungsfrequenz unter oder über den für seinen Partner verträglichen Bereich hinaus senkt oder anhebt, ist die Ehe vorbei und hört ganz *natürlich* auf zu existieren! Es ist dann nichts mehr da, was die beiden in einer harmonischen Nähe und natürlichen Verbundenheit hält. *Wie oben, so unten!* In diesem Falle wird das jetzt nicht mehr synchrone Paar nach gewisser Zeit auch *körperlich* auseinandergehen.

Weder Kirche noch Staat, noch öffentliche Meinung, noch irgendwelche menschlichen Gesetze können die natürliche Grundlage einer *wahren* menschlichen Ehe ändern! Die Natur gewinnt am Ende immer, gleich wie lange die Kirche, der Staat und die Gesellschaft sich bemühen, die kontrollierte und falsche „richtige Ehe" zu einem strengen und zwingenden staatlichen Gesetz zu machen.

Wahre Ehe beruht auf wahrer Liebe. Sie kommt aus dem Herzen und beruht nicht auf Sex oder körperlicher Anziehung. Wahre Liebe wird darin nicht zurückgehalten, sondern miteinander geteilt. Eine wahre Ehe beruht auch nicht auf einem verzweifelten Bedürfnis nach Selbstbestätigung. Der eigene Wert ist nicht in anderen zu finden! Man kann ihn nur in sich selbst finden, dadurch daß man ihn in sich erkennt! Es ist kein gutes Zeugnis für dein *Selbstbild*, wenn du jemand *anderen* brauchst, um dir zu beweisen oder dir zu spiegeln, daß du es wert bist, geliebt zu werden! Anstatt nach Selbstbestätigung zu suchen, wählen beide Partner einer wahren Ehe einfach frei, daß es ihnen mehr Spaß macht, zusammen zu sein. Diese Verbindung beruht heilig auf bedingungsloser Liebe, nicht auf Sex. In einer solchen wahren Ehe gibt es immer viel Spaß und Freude. Zwei frohe, liebevolle und miteinander teilende menschliche Wesenheiten können mit allem fertig werden! Freude erlöst negative Gefühle. Freude bringt alle Mauern zum Einstürzen.

## Nichts dauert ewig

Nichts dauert ewig, also dauert selbst eine wahre Ehe nicht ewig! Sie kann allerdings ein ganzes Leben lang dauern oder ein Jahr oder einen Augenblick später enden! Dennoch ist ein einziger Augenblick glückseliger wahrer Ehe körperlich und geistig tausendmal erhebender als ein ganzes Leben in einer öden, falschen, gesellschaftlichen „Status"ehe.

In einer wahren Ehe spielt Sex eine wichtige Rolle bei der Beschleunigung des spirituellen Wachstums der beiden Partner. Sex bleibt immer ein rein biologischer Akt, wenn du nicht Körper und Seele deines ehelichen Sexualpartners „verehrst". Damit ist natürlich nicht gemeint, daß du ihn oder sie auf einen Sockel stellst! Es bedeutet, daß du den majestätischen heiligen Gott im Körper deines Partners oder deiner Partnerin siehst. Du berührst, ehrst, achtest und hältst ihn oder sie heilig. Du teilst intim und nackt deine Verletzlichkeit. Du berührst und umarmst die großartige Göttlichkeit dessen, was dein Seelenpartner oder deine Seelenpartnerin ist und erschauerst vor ihr! Das ist wahre Leidenschaft und außerdem ein unglaublich aufregender und erfüllender sexueller Austausch mit Körper und Seele! Ich kann dir nur raten: *Versuch's und es wird dir gefallen!*

Wenn du dich mit weniger zufriedengibst als einer wunderbaren und himmlisch wahren Ehe, dann deshalb, weil du die Diktate eines fehlgeleiteten gesellschaftlichen Bewußtseins übernommen hast oder nur deiner Körperchemie gehorchst.

Deine ersehnte „wahre Ehe" mit einem Seelenpartner ist nicht nur möglich, sondern wahrscheinlich – wenn du dieses Wissen einmal besitzt.

Die „Seelenpartneridee liegt in der Luft", und allein diese Tatsache erhöht oder beschleunigt deine eigene Chance, mit deinem Seelenpartner zusammenzukommen. Sobald dir *bewußt* ist, daß alles möglich ist, fließt es meist mühelos in dein Leben. Viele andere Seelenpartner vereinen sich in dieser Zeit glückselig. Wenn du dich tief nach der göttlich wahren Ehe sehnst, dann ist deiner oder deine sicherlich schon unterwegs!

Ihr beide könnt eins werden!

Alle Formen des Lebens bewegen sich auf das Licht zu. Das ist sogar in den tiefsten Tiefen des Ozeans oder in den dunkelsten Höhlen so.

Wie schon zuvor gesagt: Wenn man hundert Leute in eine riesige und völlig dunkle Leere stellte und in der Ferne ein schwaches Licht entzündete, so würden sich alle hundert rasch und automatisch dem Licht zuwenden und sich vermutlich einer nach dem anderen langsam dahin tasten. Die Bewegung zum Licht hin ist unsere natürlichste angeborene Reaktion.

Dieses Streben eines jeden Wesens nach dem Licht ist ein universales Phänomen. Es kommt, wie schon gesagt, daher, daß wir alle derselben *Lichtquelle* entstammen! Dieses EINE GROSSE LICHT kann man *Gott* nennen oder *die Quelle,* Allah oder wie auch immer wir ES gerne bezeichnen wollen. In der Tiefe, im zentralsten Kern eines jeden von uns lebendigen Wesen erinnern wir uns alle daran und spüren eine sehr lang zurückliegende große und schmerzhafte Trennung von unserer *Einen Lichtquelle!*

An sich ist es leicht, wieder mit unserem vollen Lichtspektrum zu verschmelzen. Wir brauchen nur unser Gefühl und den Gedanken, eine „getrennte" Wesenheit oder ein abgeteiltes Lichtteilchen zu sein, loszulassen und wieder mit unserer Heiligkeit (Heil-heit = Ganzheit) zu verschmelzen, als *Die Quelle...*

Das Problem, dem wir dabei begegnen, ist offensichtlich. Wir sind von unzähligen dunklen Schleiern umgeben. Während unserer vielen Inkarnationen als separate, individualisierte Teile haben wir ein falsches Selbstbild nach dem anderen um uns aufgebaut. Der einzige Weg aus diesem riesigen Irrgarten ist, alle unsere dunklen, begrenzenden und falschen Identitäten *eine nach der anderen* aufzugeben!

Wenn Seelenpartner sich vereinen (ihre beiden getrennten Körper und Lebenswege zusammenfinden) sind sie glücklicherweise in der einzigartigen Lage, *zu einem Licht* zusammenzuschmelzen! Die scheinbar getrennten, verlorenen, früheren zwei Lichter können sich jetzt tatsächlich zu einem größeren Licht vereinen! Sie haben ihr Licht vervierfacht, ins *Quadrat* gesetzt, nicht nur verdoppelt!

Das große Hindernis gegen diese unglaubliche und sublime „Vervierfachung" unserer Lichtidentität und individuellen Macht liegt in dem starken Widerstand unseres Egos, die unzähligen falschen Masken oder unechten Bilder von uns selbst aufzugeben, die wir angenommen haben. In jedem „Einzelnen" von uns schreit das angeborene Streben nach wahrer Identität laut heraus, und diese Verwandlung ist nur dadurch zu erreichen, daß *alle* unsere unwirklichen, falschen persönlichen Selbstbilder endlich *ganz* losgelassen werden! Solange auch nur ein winziges falsches Bild oder der Schatten einer falschen Identität übrigbleibt, ist es nicht möglich, zu sein, wer man wirklich ist!

Schon der Gedanke oder die Aussage *„Ich bin"* erschafft eine Schicht oder ein Bild falscher Selbstidentität, die dir jetzt bei deiner Heimkehr zur reinen *Quelle*, zu dem „Ich", das du bist, im Wege steht!

Ob es überhaupt möglich ist, seine falsche menschliche Selbstidentität ganz zu verlieren? Ja! Wenn Seelenpartner beide gleichermaßen entschlossen sind, alle ihre falschen Selbstbilder aufzugeben, dann verschmelzen sie durch ihre gleiche Wellenlänge und ihre Nähe auf ganz natürliche Weise zu *einem* größeren *vereinten* Licht auf Erden!

Das ist kaum als „Verlust" zu bezeichnen, denn jeder der Partner *gewinnt* dabei das Doppelte des Wissens, der Macht, der Identität und des *Körpers* des anderen hinzu!

Diese große Verschmelzung von Seelenpartnern (von zwei Lichtwesen zu einem) ist in unserer nahen Vergangenheit sehr selten vorgekommen; aufgrund des *Goldenen Zeitalters*, das jetzt heraufzieht, und der bevorstehenden Geburt unserer Erde als *Stern* erhöht sich diese Möglichkeit mit jedem Tag! Mein Buch *Die Geburt der Erde als Stern*, das dieses unglaubliche Ereignis darstellt, wird demnächst erscheinen, und du solltest es dir nicht entgehen lassen!

Auf der Erde nimmt das Lichtspektrum heute sehr rapide zu – ein sehr willkommenes und lange erwartetes Ereignis! Immer mehr Seelenpartner finden jetzt in Glückseligkeit zueinander, spirituell und körperlich. Jeden Tag wollen mehr erleuchtete Wesen wissen und lernen es, ihre vielen ungesunden und unerwünschten Selbstbilder „abzulegen". *Schau dir* falsche Selbstbilder *einfach an, nimm sie in die Arme und lösche sie!*

Wenn du täglich übst, sicher und geborgen im *Jetzt* zu leben und ein Bild nach dem anderen von deinem Selbst abzuschälen, wirst du allmählich die Freiheit und deine wahre Seelenpartner-Ehe erlangen. Du mußt wieder erkennen, daß du die *Ganze Quelle* bist. Keine anderen Bilder können dir dann auf dem Weg zu deiner wahren, grenzenlosen Selbstidentität im Wege stehen! *Du kannst es!*

Wenn du einmal etwas weißt, dann kannst du es auch erreichen. Die jetzt getrennten, einzigartigen und hell leuchtenden Seelenpartner können zu einem größeren, vereinten Licht verschmelzen!

Du hast die Wahl. Dein Seelenpartner ruft nach dir. Er oder sie sucht dich, wartet auf dich, sehnt sich nach dir. Mein Gefühl ist – *nichts wie hin!*

Wenn wir jetzt diese lange Bewußtseinsreise, die wir zusammen unternommen haben, hinter uns lassen, ist es mein tiefer Wunsch, daß du die Liebe, nach der du dich sehnst, und die Liebe, nach der dein Seelenpartner sich sehnt, erkennst. Wenn du dir eine richtig aufregende *wahre Ehe* mit deinem Seelenpartner oder deiner Seelenpartnerin wünschst, dann wünscht er oder sie sich dasselbe. Unser Universum ist ständig auf Ausgewogenheit bedacht.

Du weißt jetzt, wie du's machen mußt. Meine „Aufgabe" ist beendet – jetzt bist du dran!

Viel Spaß! Gott segne euch beide.

Wir treffen uns wieder!

# Anhang

Ich möchte dich ermutigen, dich umzutun und all das Wissen, das uns unzählige große Quellen übermitteln, zu suchen und in dich aufzunehmen. Deshalb ist es mir ein großes Vergnügen, einige der großen englischen *klassischen* Quellen des erstaunlichen Wissens aufzulisten, das ich persönlich aus alten und neuen Schulen des Denkens gewonnen habe.

Ich möchte allen meinen Lesern versichern, daß trotz der zahllosen Gedankenschulen und alten Klassiker, die ich verschlungen habe, nichts mein Leben mehr zum Besseren verändert und mir mehr Hoffnung für das kommende GOLDENE ZEITALTER gegeben hat als die vierzig oder mehr *englischen* Bücher, die ich über das Leben unseres gegenwärtigen Avatars, *Sri Satya Sai Baba,* gelesen habe. Als ich in Österreich war, fand ich über *fünfzig* deutsche Bücher mit dem alten Wissen, das *Sai Baba* auf der Erde wieder ans Licht bringt. Ich möchte meinen Lesern empfehlen, alles zu lesen, was sie über diesen erstaunlichen Avatar bekommen können.

Denk nach und nimm Neues auf. Wenn du das Bedürfnis hast, mir zu schreiben (ich spreche nur englisch), dann schreib' mir nach Amerika.

Meine Postadresse ist:

RUSS MICHAEL
P.O. Box 654
Virginia Beach, VA 23451, USA

# Bibliographie

Einige andere faszinierende Quellen großen Wissens:

*Das Phillip Material;* Homeword Publishing, P.O.Box 57396, Salt Lake City, Utah 84157; (801)265-9272. *Joyriding the Universe,* Buch und *Newsletter* und Hunderte sehr aufschlußreicher Hörkassetten

*Das Sethmaterial,* von Jane Roberts – verschiedene Verleger

*Light Speed* (kostenloser Newsletter); Earth Mission Publishing, P.O. Box 959#0432 Kihei, HI 96753; (808) 874-5653. Viele Hörkassetten, Videos, Bücher, Seminare

*Alice A. Bailey* – Bücher; Lucis-Trust, Genf, besonders *Abhandlung über kosmisches Feuer,* Alice A. Bailey

*Die Geheimlehre,* Helena Blawatsky; Adya, Theosophischer Verlag, 74589 Satteldorf

*Isis entschlüsselt,* Helena Blawatsky; Esoterischer Philosophieverlag, Hannover

*Ramtha,* Ramtha; Michaelsverlag, Peiting

*Sternenbotschaft,* Ken Carey; Ch.Falk-Verlag, Seeon

*Vision,* Ken Carey; Ch. Falk-Verlag, Seeon

*Universal Truths,* Wayne und Wanda Cook, P.O.Box 2449, Prescott, AZ 86302; (602)778-5039

*The Secrets of Light,* Walter Russell; W.R. Foundation, Swannanoah, Waynesboro, Virginia

*Far Journeys,* Robert Monroe, Doubleday

*2150 A.D.,* Thea Alexander; Macro Society, P.O.Box 26582, Tempe, AZ 85282: (602) 991-2229

*Autobiographie eines Yogi,* Yogananda; W.Barth-Verlag, München

*Edgar Cayce* – Bücher; mehrere Autoren und Herausgeber

*Finding your Soulmate,* Russ Michael; Samuel Weiser, Box 612, York Beach, Maine 03910

*Soulmate Book for Gays and Lesbians,* Box 612, York Beach, Maine 03910

*Sai Baba, the Holy Man... and the Psychiatrist,* Samuel H. Sandweiss, M.D., Birthday Publishing, P.O.Box 7722, San Diego, CA 92107

## Über den Autor

Michael hat zwölf Ratgeber und Lebenshilfe-Bücher veröffentlicht. Er war früher professioneller Basketballspieler, Liedermacher, Fernsehgastgeber in seiner eigenen Serie (*Die Geheimnisse des Lebens)* und lehrte Psychologie an der Universität für Humanistische Studien in San Diego, Kalifornien. 1984 erhielt er den begehrten *Bronze Halo Award* des *Southern California Motion Picture Council* für seine Beiträge als Autor, Lektor, Philantrop und Humanwissenschaftler. Er ist Autor des Bestsellers *How to Find your Soulmate,* der in Englisch, Portugiesisch, Spanisch, Italienisch und Japanisch erschienen ist.